社員の働きがいをつくるエンゲージメント

くまのみ整骨院・整体院グループ代表
池田 秀一 著

ぱる出版

はじめに

―なぜ僕らは働くのか―。これは、２０２２年の暮れに「50万部」を突破した話題作のタイトルです『なぜ僕らは働くのか』（佳奈 著 池上彰 監修・学研プラス刊）。

この本の大ヒットから、私たち日本人の「働くこと」への関心が急速に高まっていることが伺いしれます。

こうしたなかで、企業も、社員の「働きがい」の創出に苦心しています。しかし「人手不足」の悩みは深刻です。２０２３年5月には「人手不足倒産」が過去最多になったことがニュースとなりました。なぜ、多くの日本企業は「働き手」の心を引きつけられないのでしょうか？ それは、一人ひとりの社員が胸に抱く「夢」や「心の声」に耳を傾けないからです。

「従業員は、黙って、任された仕事をこなせばいいんだ」

「余計なことを、つべこべ言うな」

残念ながら、未だにこのような「上から目線」の態度が根付いている会社が少なくありません。

読者の皆様の会社では、充分な取り組みがなされているでしょうか？

社員一人ひとりにあなたの思いは浸透しているでしょうか？

社員の目の色は、輝いていますか？

「おはようございます！」の声がイキイキと響いていますか？

もし、これらに不安要素があるならば、５つの原則からなる「夢育マネジメント」をぜひ取り入れてみてください。


私が提唱する「夢育マネジメント」とは、一人ひとりの社員が持つ「叶えたい夢」に耳を傾け、その実現のために、全力でサポートすることです。これは、「あの人は、この仕事が向いてそうだ」という「適正か？　不適正か？」の視点で、人員配置することではありません。あくまで「社員の夢の実現」につながる仕事を任せ、「仕事への楽しみ」や「働きがい」を意識的に創出することが目的なのです。


ではなぜ、「夢の実現につながる仕事を任せる」のが大事なのでしょうか。

それは、誰しも夢の実現につながる仕事に邁進しているとき、目の色がガラリと変わり、より一層努力するようになるからです。それだけではありません。

会社に対し好意・愛情が芽生え「会社と一緒にがんばるぞ！」とやる気がみなぎるようになります。その結果、会社の業績アップに貢献する、「スーパー人財」が誕生していくからです。

「え、頼りなかったあの子が、そんな成果を?!」この10年ほどで、私の会社では、そのような喜びの悲鳴を数えきれないほど、耳にしました。これこそが「夢育マネジメント」の本当の効果なのです。

私は、現在、整骨院とエステサロンを合わせて33店舗を展開する「株式会社くまのみ」の代表取締役社長をつとめている池田秀一（いけだ・しゅういち）と申します。

これまで多くの社長の方々から人材育成について相談を受け、その都度アドバイスを行ってきました。

その中で、自社の人材が育たない社長の多くが「社員の夢を知らない」という共通点があることに気づきました。

これではいつまでたっても会社にとって必要な人材が育つことはないでしょう。会社の「存在意義（＝パーパス）」のひとつである、社員の「夢」を実現することを放棄しているも同然だからです。改めて言うまでもないことですが、例え、社長だけが私腹を肥やせるほど儲かっても、本当の意味で「幸せ」にはなれません。

幸せというのは、社員が、キラキラとした「幸せの笑顔」に満ち溢れているときを指すのです。そして、その幸せの笑顔が集まっている会社を経営しているなら、社長も幸せといっていいでしょう。

この幸せづくりのカギになるのが「夢」です。だからこそ私は「夢育マネジメント」を弊社で進めてきました。

夢の力を侮ってはいけません。

かくいう私自身も15年ほど前に「人の痛みに寄り添える日本一の整骨院をつくる！」という夢を掲げてから、夢に突き動かされてここまでやってこられました。夢がいかに人を動かすか――。それは、私自身が身をもって体感していることなのです。

「夢に向かって、一緒に頑張ろう！」そんなかけ声とともに、社員の取り組みに対して伴走し、ともに夢を追いかけるにはどうすればいいか。何より社員が毎日イキイキと楽しく仕事をしてくれるためには、どのような環境づくりが必要なのか。

本書では「夢育マネジメント5原則」を軸に、人材育成を行っていくうえでの大事なポイントやマインドをお伝えしていきます。

それでは、早速始めていくことにいたしましょう！

CONTENTS

第1章 なぜ日本の「働く人の幸福度」は「132位／139カ国」なのか?

第2章 「夢育マネジメント」とは？ 人は〝夢を叶えてくれる会社〟のために働く！

CONTENTS

第3章 この仕組みで、社員は〝努力〟を楽しむ「自走型社員」に生まれ変わる！

第4章 部下が〝成果〟を上げまくる！ 夢育マネジメント「学びシステム」の極意

第5章 社員が「幸せ」でなければ、お客様を「幸せ」にできない！

第6章

「社員、お客様、会社」三方の幸せをつくるために

企画協力❖潮凪洋介（HEARTLAND Inc.）
編集協力❖掛端玲
本文イラスト❖アキカナ

第1章

なぜ日本の「働く人の幸福度」は「132位／139カ国」なのか?

CHAPTER 1

激震！日本の「働く人の幸福度」は「132位／139カ国」だった

突然ですが、私たち日本人は今自分の会社で働くことが「楽しい」「やりがいがある」と感じているでしょうか？

残念ながら多くの方は、そう思ってはいません。

アメリカ最大の調査会社であるギャラップ社が実施した「エンゲージメント・サーベイ」（いわゆる従業員満足度調査）によると、なんと「熱意のある社員」の割合が日本は6％しかいない、という結果が出ているのです。アメリカの32％と比べ圧倒的に低く、これは調査を行った国139カ国中、132位という極めて低い順位でした。

一方で、やる気のない社員の割合は、70％と高水準。現代に生きるビジネスパーソンは、「幸福度が低い」と言えます。

現在は「ワークライフバランス」が提唱され、仕事だけでなく、自身のプライベートや趣味、家族との時間を過ごす方がとても多くなりました。また、昭和の頃と比べるとはるかに便利な暮らしがそこにはあり、普段生きていくのに私たちは不便さを感じることはほとんどありません。

それにも関わらず、人はどんどん不幸を感じている。それはなぜなのでしょうか？

その答えのひとつとして、私は「人々の価値観の変化」が挙げられると思います。あの日本中

米ギャラップ社の調査（２０１７年発表）によると、日本は熱意あふれる社員が6%で、調査対象139カ国中132位という結果になった

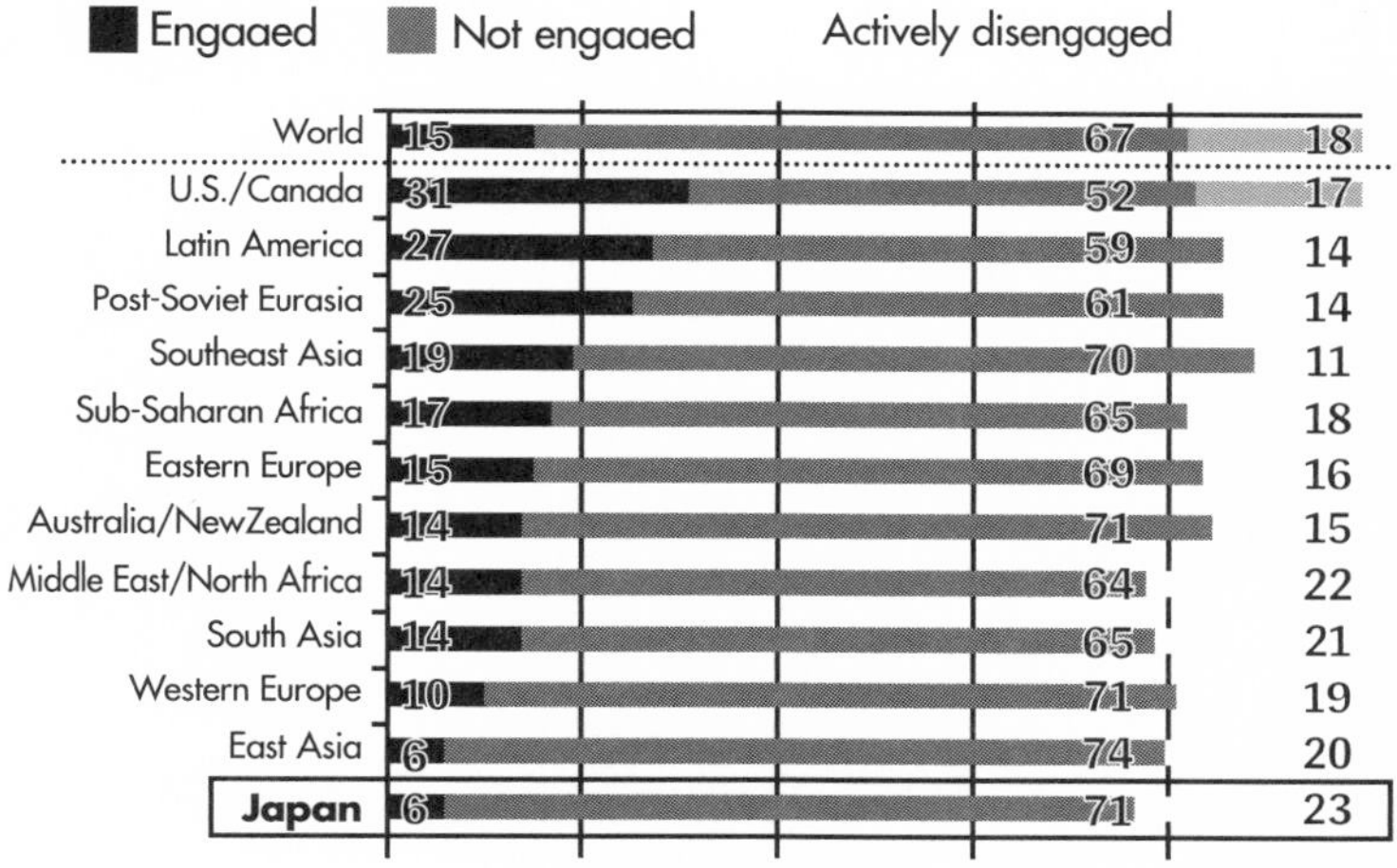

出所）State of the Gllobal Workplace2017:GALLUP

が活気と熱気に沸いていた昭和の「高度経済成長期」はとくに有名です。あの時代は、今よりももっと労働時間も長く、ブラックな環境だったにも関わらず、働く人の多くが幸福を感じていました。

それは、日本の多くがまだ貧しかったため「働くことで、経済的に豊かになりたい」という国民全体の意識が一致していたからなのでしょう。冷蔵庫や洗濯機といった家電も充分に普及していない時代。働いて少しでも暮らしを楽にしたり、便利になることで人々は満足し幸福感を得ていたのです。

しかし、今や家電や家具、車やスマートフォンなど日常に必要なものは当たり前に手に入るようになりました。

物質的な豊かさと、過剰と呼べるほどの便利さが、人々の幸福感を奪った、といえるのかもしれません。

そしてそれは働く人の意識も変えました。「がむしゃらに働いて、お金を稼げれば幸せ」という意識から、モノが手に入り、経済的にも豊かになったことで、「ただやみくもに働くのは不幸せだ」と感じる人が多くなったのです。だからこそ、前述したように日本では「働く人の幸福度」が下がってしまったのでしょう。

しかしその一方で、働く人の中にも幸福度を感じられる方々はいらっしゃいます。私は起業して自分の会社を経営してから、社内外で多くの方を見てきましたが、働く環境が「幸福度に影響する」と実感しています。

例えば、

・人間関係が良い
・コミュニケーションがしやすい
・会社の業績が良い（未来に不安を持たない）
・業務にやりがいが持てる
・業務を通して自己成長の実感がある

このような企業は社員の幸福度も極めて高いと分析しています。会社の業績が安定していて、なおかつ「自分がやりたい仕事ができる」「成長が感じられる」という部分があわさって初めて、「幸福度」を感じられるようになるのです。

転職することも、起業することも昔に比べるとずいぶん簡単になり、身近になりました。また、ジョブホッパーを繰り返すような、海外的な価値観を持った方も増え、働き方も「これが正解」という価値観は失われつつあります。

しかしながら、そんな現代において御社を選んで入社してきた社員の方々は、とても貴重な存在です。

そういった社員に「幸福を感じてもらう」ために、会社としてできることがたくさんあるはずなのです。

あなたの会社は、社員に「働きがい」を提供していますか？

「働きがい」と聞いて、皆さんは何を思い浮かべるでしょうか。ここでいう働きがいとは、「この会社で働いていてよかった」と思える社員の感情を指します。

「人間関係が良く、楽しいことに働きがいを感じる」という人もいれば、「自分のやりたいことができる」という部分に働きがいを感じる人もいるでしょう。

私は、「働きがい」を会社がいかに提供できるかが、会社の帰属意識と「社員の幸福度」を高

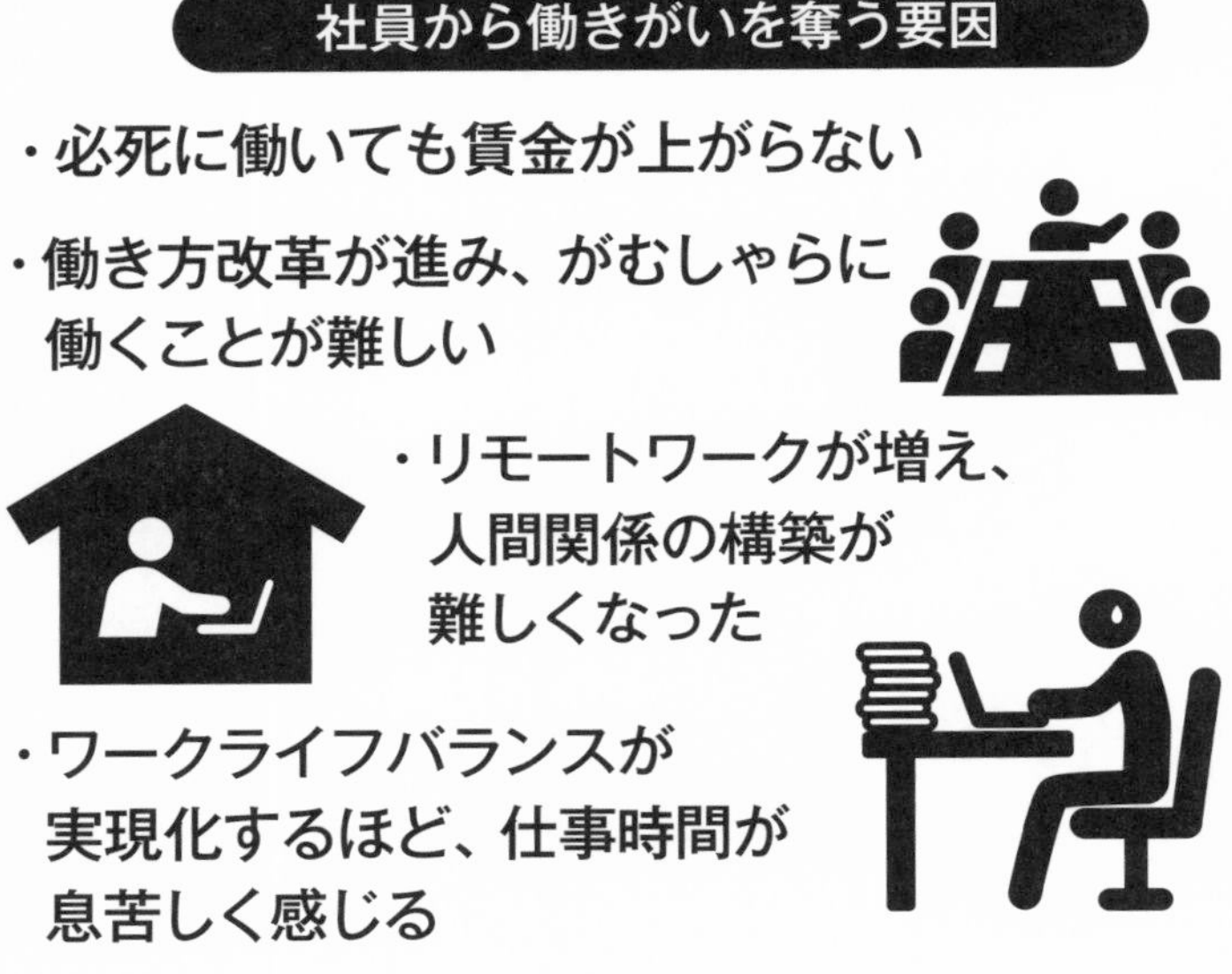
社員から働きがいを奪う要因
・必死に働いても賃金が上がらない
・働き方改革が進み、がむしゃらに働くことが難しい
・リモートワークが増え、人間関係の構築が難しくなった
・ワークライフバランスが実現化するほど、仕事時間が息苦しく感じる

めると考えています。

ではなぜこの「働きがい」をことさらに重要視しなければならないのでしょうか。それは、やはり社会の変化と人々の変化が影響しています。

高度経済成長期以降、平成の初期頃までは、「働きがい」を感じずともみなが一様にがむしゃらに働ける時代でもありました。まだ社会が未成熟だったため、「経済的に豊かになりたい」「モノがほしい」という欲求が働く動機となっていたからです。

しかし時代は変わり、必死に働いてもそれほど賃金は上がらず、また近年は働き方改革が進んだことで、もう「がむしゃらに働く」行為自体が難しい時代になりました。さらにはコロナ禍により、社会全体が人との接触を避けるといった風潮が広がったことも、働きがいを失う原因のひとつになりました。

現在でも会社によってはリモートワークで業務を行っているところもあるでしょう。そうなると、人間関係の構築も難しくなります。ますます会社に属している意識はうすれ、「この会社でよかった」と思う場面が減ってしまうのです。

加えて昨今は、ワークライフバランスについて多く語られるようになりました。社会の要請によって全体的な勤務時間は短縮。他人を気にせず好きなことができるプライベートタイムが増えましたが、そのことが逆に仕事時間の息苦しさ、辛さをより際立たせるようになったとも言えます。

これらさまざまな要因が、社員から「働きがいを奪っている」といってもいいでしょう。そのため、企業は意識して社員に働きがいを提供しなければならないのです。

では具体的に働きがいとはなにか、というと「働きやすい環境」と「やりがいを感じる仕事内容」、の2つが挙げられるでしょう。

働きやすい環境というと、建物やオフィス、そして福利厚生などの社員サービス面を思い浮かべてしまう方も多いかもしれません。もちろんそういったものも重要です。しかしいちばん大事なのは「良好な人間関係」だと私は考えています。ほとんどの仕事は1人で完結せずチームプレーが必要になります。毎日顔を合わせて、1日の大半を過ごす同僚や上司との人間関係を良好にする、そのために会社になにができるのか、考えなければなりません。

やりがいを感じる仕事内容とは、「社員が本当に求めていることはなにか」をキャッチし、社員の自己成長につながる業務を会社がいかに提供できるか、ということです。例えば弊社で言うと「店長になりたい」という人もいれば「美容関係の仕事がしたい」という人もいます。それぞれ異なる目標に対して、会社が対応しやりがいを創出することが重要になります。

会社が意識しなくても、社員が勝手に仕事の中で幸せを感じてくれる高度経済成長期のような時代は、とっくに終わりました。しかしながら、そのことを意識している企業は多くないように感じます。とくに歴史が長い企業ほど、社員の幸福度を考えた経営に至っていないのではないでしょうか。

どんな会社でも「社員のやる気を自主性に任せっきりでは、やる気はどんどん低下してしまう」時代なんだと強く認識する必要があるのです。

働く人の「約7割」は、会社に失望しているという事実

やる気のない社員が70％と冒頭でお伝えしましたが、これは言い換えると「所属している会社に失望している割合」ともとれます。会社に希望を持っていれば、少なくともやる気はそこまで失われないからです。

では何が社員を失望させるポイントなのでしょうか。私は大きく分けて3つの理由があると考えています。1つ目は、会社組織が成長させない状態に陥っていること、2つ目が失敗を悪だ、と社員にすりこんでいること、そして3つ目が「成長しているのに認めてもらえない」という評価に関することが挙げられます。

1つ目に関して、大企業にありがちなのが、「会社の理念と現場の実態にズレがある」場合です。例えば、社内で新しいプロジェクト募集が始まったので応募すると「そんな時間があるなら目の前の仕事をしろ」と上司から言われてしまう。「前向きにチャレンジしよう」という理念を掲げているのに、否定されてしまったら、社員のやる気は行き場を失くし、会社に失望してしまうものです。また、「業績を上げろ」と上層部から号令がかかっているのにもかかわらず、現場では案件獲得のため、社員同士で足の引っ張り合いをしていて、険悪なムードが漂っている……。こ

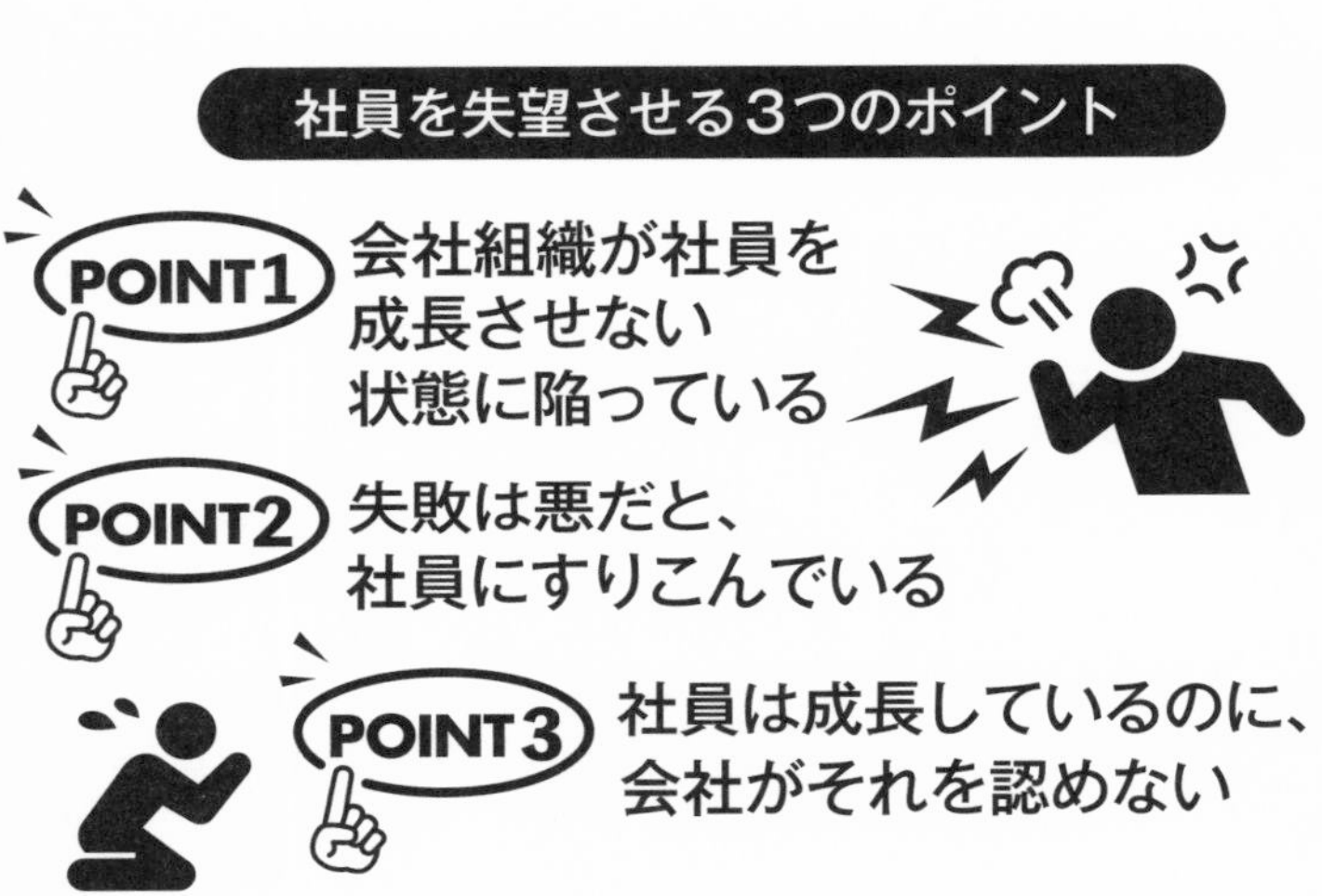
社員を失望させる3つのポイント
POINT1
会社組織が社員を
成長させない
状態に陥っている
POINT2
失敗は悪だと、
社員にすりこんでいる
POINT3
社員は成長しているのに、
会社がそれを認めない

ういった場合も、会社に失望してしまう要因になるでしょう。

実はこういった話は優良企業でよく聞かれがちです。会社の規模が大きく業績が安定していると、個人の働きが業績に寄与している実感に乏しく、あまり苦労しなくても一定の成果がでてしまいます。すると、意図せず社内にひずみが生まれ、結果として経営者が考えている方向と現場の実態が乖離します。そうなると、社員が「仕事で成長し、会社に寄与していこう」としているのに、実際現場ではどういう仕事の仕方をすればいいのかわからず意欲を削ぐことになってしまうのです。

2つ目に関しても、よくある話です。成長の過程で努力しているにも関わらず失敗してしまった場合、叱責の仕方によってやる気を失い、会社に失望してしまうのです。上司が部下を叱る場合、理想的には周囲に人がいない状況で、努力した部分は認めつつ足りなかった部分を指摘して、今後の仕事の仕方の改善につながるように指導していかなければなりません。ところがチームの面々の前で頭ごなしに叱責してしまう会社が未だに多いのです。

このパターンは、複数の意味で悪影響を及ぼします。まず、部下が失敗を極端に避け、自らの成長よりも上司の顔色を伺うようになってしまうこと。そして、それを見ていた周りのメンバーも「失敗しないようにしよう」と委縮してしまうことです。さらにこういった叱責が常態化すると、「どうせ怒られるから何も言わないようにしよう」とやる気を失い、会社にまったく期待できなくなるのです。

3つ目は、社員自身は成長していることを実感しているのに、会社に認めてもらえない場合です。業績を上げたり、仕事で成果を出したにも関わらず、その結果を上司がスルーしてしまい「成長しているのに、認めてもらえなかった」と失望してしまうパターンです。これは、好き嫌いで褒めたり叱ったりする上司の存在が問題となります。

男性の上司が、女性の部下はよく褒めるのに、男性の部下には叱るときしか呼ばないといった話はよく聞かれますが、このような明らかに不公平な状態が続くと、男性だけでなく女性のやる気にも悪影響を与えてしまいます。

「あの人は上司に気に入られている、自分は嫌われている」と一度認識を持たれてしまうと、再度やる気を取り戻させるのは甚だ困難なことです。

また、「評価してくれない」というストレスで、会社に失望してしまうパターンもあります。減ってきてはいるでしょうが、多くの会社が未だに年功序列で役職者を決めています。自己評価だけでなく、周囲から見ても能力が高いと思える人材であっても、役職に付くには何年も会社に奉仕する必要があり、そもそも上司に気に入られなかったら無理。それではなかなか本人のやる気も持続しないでしょう。

さまざまな失望の原因を見てまいりましたが、こういったことの根源には、もしかしたら「社員は解雇できない」という日本の法律が大きく影響しているのかもしれません。欧米では、企業に貢献する人材でなければ簡単に解雇されてしまいます。しかし日本では労働者保護の観点から解雇は基本的に禁止されています。もちろん解雇されないことによる安定は、労働者側から見れば大きなメリットです。

しかし、そこで会社にぶら下がっていては、社員も「自分は何のためにこの会社に存在しているのか」わからなくなってしまうでしょう。それでは、会社のためにもなりません。そういう意味でも、欧米に比べて日本では、より社員のやる気を引き出す経営が求められているとも言えると思います。

管理職の悩みダントツ1位は「部下の育成」（50・5%）

前述したように、社員のやる気、やりがいは現場を預かる上司の対応によるところが大きなウエイトを占めています。その上司、管理職が今もっとも悩んでいると言われているのが「部下の育成」についてです。会社の育成マニュアルがまったく通用しない、どう説明すれば部下の心に響くのかわからない。とにかく能動的に動いてくれない。コロナ禍を経て、そういった悩みを持つ管理職は多いのではないでしょうか。

一方でこれとは別に根本的な問題として、「上司が部下に興味を持っていない」という問題もあります。これは管理職としての仕事を放棄しているようなもので、そんな管理職が誕生してしまうのは年功序列登用の悪い側面が出てしまっていると思います。

そういう意味では、上司が部下の育成に悩むのは正常ではありますが、部下の育成状態は部下のやる気に直結していますから、早急に解決しなければなりません。私も管理職についている多くの社員から部下の育成について相談を受けますが、その中でいつも伝えていることがあります。

それは、「優秀な上司ほど部下の能力に厳しくなってしまうもの。自分と部下との違いに意識を向けてほしい」ということです。正当な評価を受けて管理職になった人材であれば、自分の部

部下を評価するときは、
理想の６割できていれば合格点！
OK！
60

下よりも能力が高いのは当たり前です。そうなると、自分のときに比べ能力で見劣りする部下に対して「成長できていない」と感じてしまうことがあるからです。

さらに私は、このことも伝えています。

「部下を評価するときは、自分の中で６割できていれば合格点だよ」。これぐらいの気持ちでそれぞれの部下を見て、各々のレベルの中で小さくてもしっかり階段を登っていればＯＫです。

それを踏まえて部下を見たとき、欠点ばかりを見て「成長していない」と感じる場合は、その部下の問題ではなくて、上に立つ側に問題があると認識しましょう。

部下の成長にはまず、お互い良い関係性を築くことが重要です。部下から上司に積極的にコミュニケーションをとることは、現代ではほとんどありません。上司の側から部下に対して声掛けをしながら、上司は部下の性格や状態を把握し、客観的・合理的に仕事ぶりに対して評価します。

部下も上司のことを理解することで、褒める言葉はもちろん叱る言葉も心に届くようになり、そうなって初めて、アドバイスが活きてきます。部下も上司が自分のことを気にかけている、育てようとしてくれていると納得すれば、自分から「成長しよう」と意欲が出てきます。成長意欲をうながすことこそ、上司のつとめではないか、私は役職についている社員にもそう伝え続けています。

なぜ部下の成長を実感できないのか

一方でそれなりにコミュニケーションを取っているにも関わらず「部下が成長しているのかどうなのかわからない」という管理職も多くいます。その場合は、本音と本音がぶつかり合うようなコミュニケーションがとれていない、ということが原因でしょうが、そのほか考えられるものとして、デジタル・トランスフォーメーション（＝DX）化の弊害もあります。

現在、コミュニケーションの取り方は多様になってきています。メールやSNSなど文字ベースのやり取りから、ZOOM、TEAMSを使ったオンライン会議のようなものもあります。こういった直接会わない形のコミュニケーションは、お互い気軽に行えるという利点があります。そして何よりテレワークが広がった現代においては非常に重宝がられています。

便利な反面、これらはデメリットも持っています。ついデジタルを介してコミュニケーションが取れている気になってしまい、部下のことが「わかった気になってしまう」からです。実際に膝を突き合わせて話をするのと、オンライン上で話をするのは、まったく違うと認識しなくてはいけません。

そもそも、部下の成長というのは、チャットやオンライン上のやり取りだけでは見えません。

社員とのタッチポイントを増やす方法

前準備として、週に一度は全社員の顔写真を見ながら、一人ひとりに思いを馳せる

誕生日には花束を贈り、メッセージをつける

年に一回、勤務時間内に全社員参加の運動会を実施する

ほかにも社内イベントを増やす

上司から見ると本当に小さな変化ということもあるからです。それに気づくことができるか否かは、仕事としての表面上の興味だけでなく、感情的に興味を持つ必要があります。感情の機微をはかるためには、やはり同じ会社の中で一緒に仕事をする、直接的なコミュニケーションをとる、ということが必要不可欠なのです。

このコミュニケーションの取り方で悩まれてしまう方も多いと想像します。そこで、弊社が行っている部下とのコミュニケーションの方法を紹介させてください。

コミュニケーションをとる前準備として、私は週に一回は全社員の顔写真を眺めて、それぞれの状況に思いを馳せるようにしています。何しろ33店舗に分かれて勤務している１５０人ですから、実際に全員と毎週のように会うことはかないません。それでも社員一人ひとりと気持ちの上でしっかり繋がりを感じることが、私の中でとても重要なのです。

そのうえで、社員の誕生日には必ず花束を送り、私から直接メッセージをしています。弊社は社員が150名おりますので、平均すると2~3日に一回は社員の誕生日がある計算ですが、全員を対象に行っています。

また、定期的に全社員でコミュニケーションを取る機会を設けるため、年に一回全社員参加で運動会を実施しています。弊社ではこれは業務の一環として、勤務時間内で開催しています。現場を離れたところで、社内の人たちとコミュニケーションを取ると普段では言えないこと、聞けないことがすんなりと出てくる場合が多いのです。自然と社員一人ひとりの個性などがわかるようになります。

こちらは任意ですが、体育会系の社員も多いのでマラソン大会にみんなで参加したり、食べるのが好きな人たちでバーベキューイベントを開催したりしています。「生活を共にする」ではありませんが、このような感情的なつながりを持ちやすいイベントは、部下の状態や考えを知るいい機会になるのです。

このようなイベントを開催し社員とのタッチポイントを増やすと、たしかに社員の生活環境や家庭環境などを知る機会が増えます。そのことで、ハラスメントの心配をされる管理職の方もいらっしゃるでしょう。

しかし、それを言い訳にしてコミュニケーションをおろそかにしていないでしょうか。たしかにハラスメントに抵触しないように注意することは大事なことですが、そのために必要なコミュニケーションを放棄していては、部下の成長を促すことはできません。部下の成長を実感するには、やはり部下のことを1人の人間として丸ごと理解する、それくらいの気持ちが重要ではないでしょうか。

日本企業の9割は、若者が抱く「心の奥底の〝本音〟」を知らない

弊社は中途だけでなく、新卒採用も行っておりますが、その採用の際必ず「あなたがなりたい理想像を教えてください」と伝えています。そこで本音を話してくれることもあれば、しばらくたって「じつは……」と言ってくれる社員もいます。いわば対等な関係性が私は必要だと思っていますが、企業と就職希望者とで、「どちらが強気に出られるか」といえば、企業の方でしょう。「売り手市場」と言われるときでも、求職情報を見て応募するのはあくまでも希望者であり、採用を決めるのは企業側だからです。

そういった見えない力関係があることで、就職希望者は自分の本音を隠し、「いかに企業側に

好感を持ってもらうか」を優先してきたように思います。それは面接をどう乗り切って希望の企業に就職するかという就活テクニックを教えるセミナーや講習なども同じです。

なぜそういう体制になってしまったのか。それは企業体質、文化が大きく影響しています。入社したらとにかく安月給で働かされ、社員が持っていた本音はなくなり、会社の歯車のひとつになっていくのが普通でした。仕事の内容に疑問を持っていても、周囲からも「そういうものだ」と言われて会社の言う通りに働き、年功序列でいつしか役職がつく。そして新入社員を自分と同じように会社に染めていく。そういったシステムができていたのです。

こうした傾向は近年少しずつ変わってきたようにも思いますが、まだまだ社員の本音に向き合う企業は少ないと感じます。社員の本音に興味はなく、言った通りに働きさえすれば良いと思っているのです。

しかし、社員の側はそうは思っていません。とくに現在の20～30代は、以前と比べてはるかに転職しやすい環境になっています。「もっと自分のキャリアを磨きたい」「自分に合った会社で働きたい」そういう思いで転職を繰り返す人も少なくありません。

そしてワークライフバランスで自分の時間が増え、さらに副業ＯＫとなってそちらで稼げるようになれば勤めている必要さえないでしょう。つまり、そもそも会社に属するという働き方を選択する必要はないのです。

会社にいる時間が減り、会社の考えをすりこまれることがないため、忠誠心も薄くなります。その分、自分の考え方、本音をしっかり持つようになっています。実はこのことに経営者や管理職は気づいていないのです。

もうひとつ、若手の思考をお伝えすると、最近の若者は承認欲求がかなり強いことが挙げられます。「デジタルネイティブ」と言われる世代は、幼いころからＳＮＳ等ネットに触れています。ＳＮＳを使いこなしているため、「いいね」を押してもらう快感が身についているのかもしれません。**入社して早い段階で顔を見て名前を呼ぶだけでも、**若者から見たときの職場の印象がずいぶん変わります。「あの人が自分のことを認識してくれている」という意識を持ちさえすれば、職場に好印象を持ちます。これもまた現代の若者の特性といっていいでしょう。

さらに個性が多様化してきている昨今、若者は大学やＳＮＳを通じて世の中にはさまざまな意見があるということを肌で感じて育ってきています。自分も含め、多様性が大事なのだとわかっている。ところが会社に入ると、経営も管理職も仕事に対して一元的なものの見方しかせず、違う考え方を黙殺している状態を目の当たりにします。これでは若者は会社に失望するしかありません。

弊社ではこうした若者の本音を知るべく、「ワンミニッツチェック（1分チェック）」というアンケートを毎月社員に行っています。これはその人の心の状態がどうか、チームの状態はどうか、改善希望の有無などがわかるようになっています。これを本部でチェックして、システムで晴れ

①

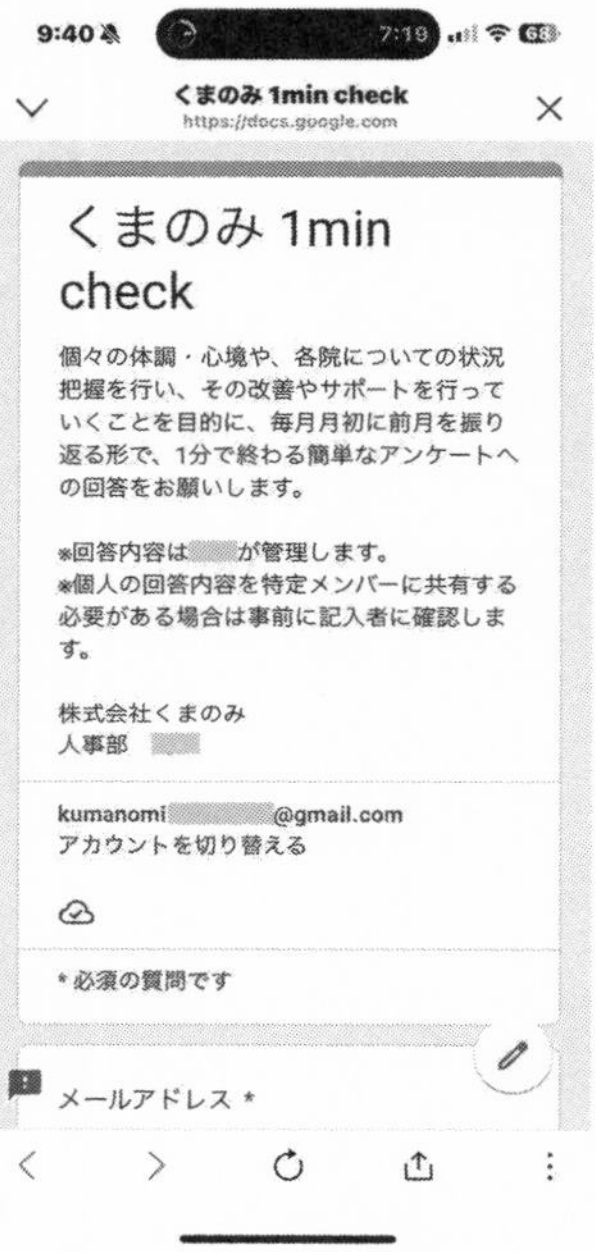

②

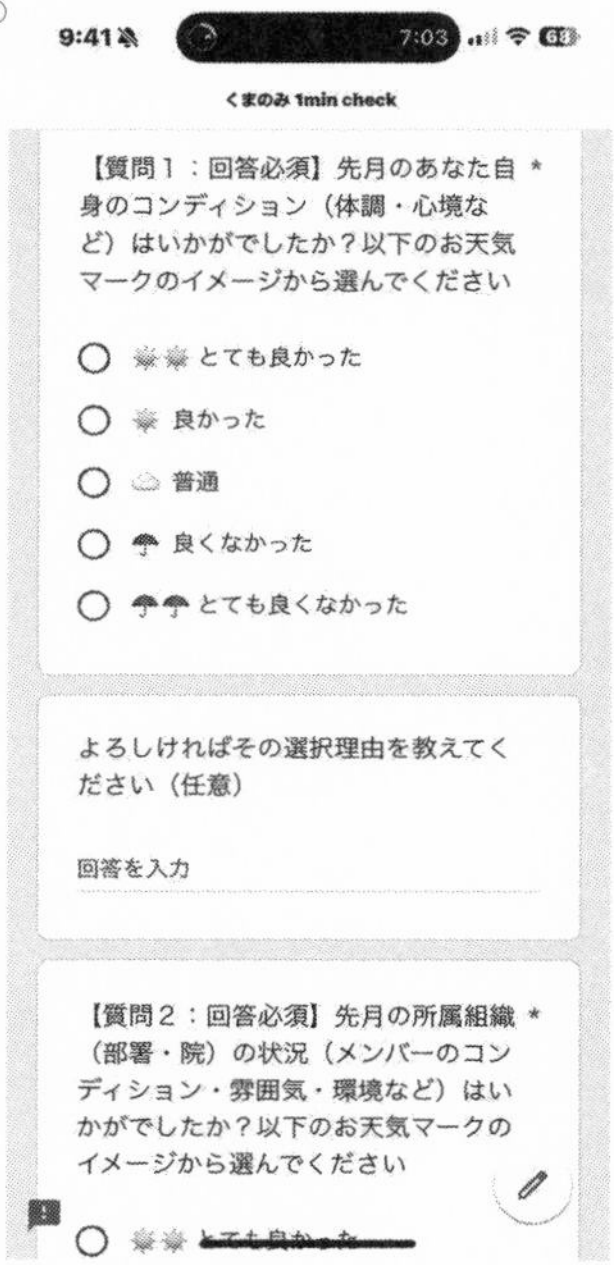

③

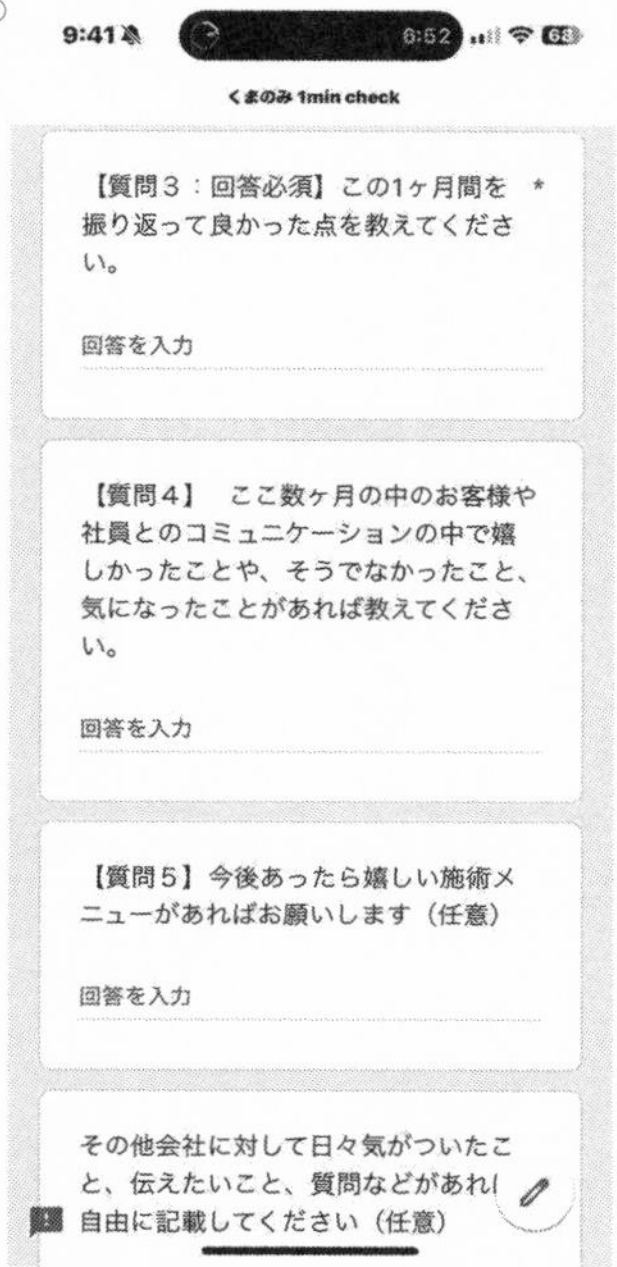

「ワンミニッツチェック（1分チェック）」アンケートを毎月実施

／曇り／雨といったお天気マークで出力されるようになっています。いつも晴れだった人が曇りになったりすると「何か良くないことが起こったようだ」とすぐにわかります。

その小さな変化に気づき、こちらで改善できるところは改善する。一方で、個人的に何か満たされていない部分があれば、マンツーマンで心の奥底にある本音を聞いていく。そういった仕組みが、働く人全体の幸福度を上げていくことになると感じています。

“夢”（＝自己実現）のために働きたいZ世代「2人に1人」だった！

弊社では、社員一人ひとりに「夢」を語ってもらう時間を設けています。夢と一言で言っても、出世しようとか社長を目指そうとか、そういった一辺倒のものではありません。実際、社員それぞれに夢を聞いてみると、つまるところ「自分らしさの追求」だと感じます。

さらにいえば、描く夢は仕事関係のことだけではありません。プライベートでも夢があるでしょう。結婚について、住居について、家族関係についてそれぞれがいろいろな夢を持っています。その夢を会社側が共有できるかが、関係性にも影響を与えます。

とくに仕事に関する夢を聞いていく中で注意したいことがあります。それは「弊社があなたを成長させます」という上から目線にしないことです。

■Z世代は「自己実現＝自分らしく働ける環境」を選びたい

順位	重視するポイント	投票数	割合
1位	ワークライフバランス	380	63.2%
2位	サービスや商品の将来性	328	54.6%
3位	サービスや商品が好きか	271	45.1%
4位	女性の育休取得率	191	31.8%
5位	労働環境が良い企業と取引しているか	183	30.4%

順位	働き方のイメージ	割合
1位	自分らしく働ける環境を選びたい	53.7%
2位	結婚、出産、育児などライフステージによって仕事量を調節したい	53.1%
3位	給与がなるべく高い企業で働きたい	44.1%
4位	社会的に意義のあるサービスに携わりたい	39.9%
5位	残業が少ない方がよい	35.8%

出典：【Z世代】SDGsシューカツ解体白書
https://www.tsudukeru.com/download/sdgs_whitepaper#

あくまで成長するのは若者の意思の結果でしかありません。

会社は「成長するための環境を用意します」ということにとどめ、それを会社も若者も共通理解として持っておくことが大切です。この理解がないと、自分の成長に対して意欲のない、受け身な姿勢の人材がやってくることになるからです。

もちろんそういう人材も、育成の方法によって変わることもありますが、両方の人材を意識せずに採用してしまうとその後が大変です。会社は社員の研修機関ではありません。

やはり、「自ら成長しよう」という意欲を持っている人材を採用し、それをサポートするのが正しい姿だと私は思います。

弊社では「成長したい」という意欲のある若者に対して、成長できる環境を用意しています。例えば、「店長になりたい」という社員がいれば、店長の仕事が具体的にわかるような部署に配属します。そこでしっかり学んでもらい、自分自身も「本当に店長になりたいのか」確認してもらいます。もちろん会社側としても、「店長になりたい」というのが言葉だけでなく、行動に現れているかをチェックしています。こうした仕組みを整えたことで、弊社では自発的に成長してくれる人材が次々に誕生しています。

昔もきっと若者はそれぞれの夢を持って入社してきたのでしょう。しかし、終身雇用という制度が個人の夢を失わせていきました。当時はそれで良かったかもしれませんが、現在は、その方法では人も会社も成長することができません。

「どんな夢を持っているのか」それは、「この会社でどんなことをやりたいのか」また「どんな人生を送りたいのか」につながっています。それを真摯に受けとめ、最大限サポートしていくのが今後の会社のあり方だと考えています。

あなたの会社は、社員の「夢」を**叶える場所**ですか？

さて、「夢（自己実現）」の重要性をお伝えしてきましたが、皆さんの会社は社員の夢を叶える場所になっているでしょうか？　ここで、異なる2つの例を挙げてみたいと思います。

もう会社やめたい…
先輩
あれは
数年後の私…？
先輩より先に
会社やめよう
Aさん

一人は、中小企業に5年勤めているAさん。入社以来Aさんは営業を担当していますが、5つ上の先輩はいつも疲れ切っていて、口を開けば「会社を辞めたい」という愚痴ばかり。Aさんは思います。「自分がこの先輩の年代になっても、同じような仕事をやって安月給をもらっているような将来しか見えない。そんな意味のないことを続けて人生を浪費するくらいなら、辞めない先輩たちとサヨナラして自分は会社を辞めよう」と、Aさんはいつ上司に辞めることを伝えようか、タイミングをみています。

会社もまた、離職率が高いためAさんが辞めそうな状況でも見て見ぬふりなのです。これは、社員も夢を描けておらず、会社もまた社員に自己実現のサポートをできていない状況です。

ではもう一人を見てみましょう。

大手ベンチャー会社に転職したBさん。前職の営業では毎月結果を出し続けていましたが、まだ20代という若さのせいで、希望してもリーダーを任せてもらえません。

そこでの足踏みが納得できなかったBさんは転職時に「リーダーをやりたい」と伝えました。その結果、半年の営業期間の働きぶりを判断されて「やりたいならリーダーをやってみて」と部下3人を任されたのです。当初は失敗もありましたが徐々に慣れると共にチームマネジメント

Bさん
リーダーとして
3人の部下を持てた！

夢

も上手く回りだし、部下たちのバックアップ、足りないときには自ら営業、バックオフィス業務も意外と楽しくサポートも充実。今は全力で仕事をこなしていく楽しさ、やりがいを感じることができています。

理想的な状況にいるBさん。ポイントは入社前に本音を確認できたこと、そしてやる気や能力の見極めを会社側が行い、希望の業務に配属したことだと考えます。

さて、2つの例を挙げました。どちらの会社が社員のやる気を引き出し、働きがいを提供できているでしょうか。ぜひ考えていただければと思います。そして、もうひとつ。

皆さんの会社はどちらの例に近いでしょうか。今一度振り返っていただけたらと思います。

第2章

「夢育マネジメント」とは？

人は〝夢を叶えてくれる会社〟のために働く！

CHAPTER 2

「社員と一緒に夢を追いかける会社」VS「会社の理想を押し付ける会社」

突然ですが、日本が誇る高速鉄道の雄「新幹線」がなぜ３００km以上もスピードを出して速く走れるのか、皆さんご存じですか？

これは、私が社内の理念研修で社員によくする質問です。

そうすると「直線部分が多いから」とか「駅間が長いから」など、みんな頭を捻って答えるのですが、本当の理由は知らない人がほとんどです。

新幹線がなぜ速く走れるかというと、すべての車両にモーターがついているからです。

一般的な電車では、限られた車両にしかモーターがついていません。

例えば先頭車両にモーターがついていて、客車はその先頭車両に引っ張られているだけ、という状態です。

昔の蒸気機関車などを思い浮かべていただければ、想像しやすいでしょう。

この方法では、客車が増えれば増えるほど先頭車両の負担が大きくなり、走るスピードは遅くなってしまいます。

しかし新幹線の先頭車両は、方向を決めるだけで客車が増えても負担は増えませんし、すべての車両にモーターがついているので、いくら客車を増やしてもスピードが落ちないのです。

16両という長い編成で大量の旅客を運ばなければならない、新幹線ならではの技術だと言えます。

この新幹線の方式と同じ考え方で経営を行う手法を、「新幹線型経営」と言います。

弊社ではこの手法を経営に取り入れています。

弊社の社員は150人。機関車のように、私が先頭に立って客車を引っ張っていこうとしても、なかなか速いスピードは出せません。

新幹線型経営を行うということはつまり、客車である社員全員がモーターを持って、私と同じように走っていくことです。社員全員が、会社の夢を実現するために一緒に走る経営なのです。

逆に、現状大多数の会社が行っている機関車型経営の場合、経営者は社員を力任せに引っ張っていくだけです。

そのため、社員は会社として進むべき方向もよくわからず、やる気は育ちません。

つまり、社員にただ「ああやれ」「こうしろ」と仕事を押し付けるだけの会社です。これでは業績アップのスピードが上がるはずがありません。

これからの会社経営は、いかに優秀な経営者であったとしても、会社の理念を押し付けるだけの機関車型ではうまく行かないでしょう。

すべての会社は、社員と一緒に夢を追いかける新幹線型経営を目指すべきだと私は考えます。

そして新幹線型経営で重要なのが、「社員全員が同じ方向を向いている」ということです。

みんなが優秀なモーターを持っていても、各々がバラバラな方向を向いていてはスピードが上がるどころか下がってしまいます。

そのために必要なのが会社の理念を全員で共有すること。理念こそが進む方向を規定する線路になるのです。

理念の共有以外にも、弊社では意識して取り組んでいることがあります。本章ではそれらをご紹介していきます。

社員と会社の未来のための「夢育マネジメント」とは?

取り組みのひとつが「夢育マネジメント」です。ここでいう夢育マネジメントとは、会社が社員に示す「決意表明」です。その5原則が次のとおりです。

【夢育マネジメント5原則】

1．明確な未来を見せ続け、理念を共有する
2．納得のいく報酬を出す
3．人間関係の環境を整える
4．それぞれの夢の叶え方に寄り添う（夢は人それぞれ）
5．社員の「心の声」をこまめに聴く

それぞれの項目の詳しい説明は第3章で行いますので、ここでは概要のみ紹介します。

1「明確な未来を見せ続ける」とは会社がどういった方向性で今後どう成長していくのかを社員全員に見せ続けていくことです。

2「納得のいく報酬を出す」はその名の通り、継続可能なビジネスモデルを実現させて、仕事に見合った給与を出していきます。

3「人間関係の環境を整える」とは、人間関係を良好に保ち、整えていきます。

4「それぞれの夢の叶え方に寄り添う（夢は人それぞれ）」とは、人それぞれ異なる夢に寄り添い続けることです。その人がどういったキャリアを積んで、最終的に何を目指すのか。それを

一人ひとりと接点を持ち、実現を促していきます。

5「社員の「心の声」をこまめに聴く」とは、それぞれが心に持っている声、その人の本音をしっかりキャッチしていきます。これによって社内のほころびを、まだ小さい状態で気づくことができます。


5つ挙げましたが、誤解を恐れずに言えば、多くの会社が意識しているのは、2番の項目だけで、そのほかはまったく考えられていないように思います。

そこでここでは「1．明確な未来を見せ続け、理念を共有する」ことの一端として、弊社が行ってきた理念を浸透させる取り組みを紹介させてください。この1番の項目が2番以降の土台ともなる部分だからです。

ではなぜ理念を社員に浸透させなければいけないのでしょうか。

それは、「会社と個人の成長のスピードを加速させるため」です。当たり前ですが、社員全員が会社の価値観、目指すべき方向を共有しなければ、組織としてのパフォーマンスは下がってしまいます。「どこを目指すのか」「そのために何をしなければならないのか」その方向を指し示すものが理念です。しかも理念は社員全員が「知っている」だけでは不十分です。「理解して実践している」ところまで持っていって初めて、行動に現れるからです。

弊社で本格的に理念の浸透を図り始めたのは8年前。

新卒の採用を始め、説明会や教育を行ったことがきっかけでした。新卒の新入社員といえば、まだ何も染まっていない無垢な存在。そんな人たちに行う教育の質を良くしていくと、生産性がどんどん上がることがわかりました。

また、それまでは中途採用がメインで、即戦力として活躍できていたものの、それぞれの考え方がすでにあるので弊社の理念を浸透しきれず、その結果、個人や会社としての成長が芳しくない状態でした。

この2つの状況から、「中途で入ってきた社員含め全員にちゃんと理念を浸透させていけば、もっと会社全体の生産性が上がるのではないか」と考えたのです。


そこで入社時1回だけ行っていた理念研修を、毎年、年に2回、1回4時間、全員が必ず受講してもらうように変更しました。といっても、全社員を一度に集めて開催、というわけではありません。弊社はサービス業ですから、全員を一斉に研修に呼んでしまうと店舗がストップしてしまうため、社員の都合に合わせて選択できるようにしています。その結果、弊社では毎月理念研修を行うようになりました。

もちろん、開催に係わる労力は大きくなりますが、それだけの価値があるものととらえています。一般的に理念を社員に浸透させるためには約7年かかると言われています。つまりそれだけしなければ、社員には本当の意味で理念を理解してもらうことは難しいのです。

もちろん研修だけではありません。毎日の朝礼では理念の唱和を行いますし、新入社員には理念の書き取りテストも行っています。一言一句間違えないように覚えてもらうためです。それくらい理念に触れる機会を持って初めて、理念を浸透させることができるのです。

この理念浸透が功を奏し、今では多くの社員が、会社と個人の目標に向かって「自分で考える」人へと成長しています。

「理念浸透なんて本当に意味があるの?」と疑っている経営者、マネージャー層の皆さんにこそ、ぜひ試していただきたいと思っています。理念浸透が根付いたころ、会社の経営は従来の機関車型から新幹線型へと移行できているはずです。

夢育マネジメントで定着率120%達成!

前項で理念浸透の重要性をお話ししましたが、かくいう私も弊社で夢育マネジメントを始める前には、多くの苦い経験がありました。

マネージャーに抜擢したスタッフがマネジメントに悩んで鬱状態になって休職、退職したことや、入社当日に良かれと思って社員の飲み会に連れて行ったら、翌朝LINEで「辞めます」と連絡が来たこともありました。さらには、入社後一緒に社員と飲んでみたら「僕、笑顔になれないんです」って泣き出されてしまったり、銀座店の店長と上手くコミュニケーションが取れていないな、と思っていたら、スタッフ5人全員で一斉に退職されたこともありました。

「まさか」のオンパレードでしたが、夢育マネジメントを取り組み始めてからというもの、トラブルは激減。従来比で、会社への定着率が120％を達成できるようになったのです。

こうした定着率が達成できたひとつの大きな理由は、「トラブルや問題の〝タネ〟に早い段階で気づき、対処できるようになったこと」です。例えば、マネジメントに向いていない人を登用したり、飲み会が嫌いなのに参加させてしまうような行き違いがなくなりました。

さらに、もうひとつ大きな理由は、「理念に合わない人たちは自然と離職し、理念に賛同してくれる人たちだけが残った」ことです。結果的に「ここで成長したい」人たちが残ったため、定着率の向上が図られたのです。

会社の向いている方向と違う人というのは、どうしても社内でネガティブな発言や行動をするようになります。ネガティブなパワーは、ポジティブより強く出てしまうもの。さらに悪いことにネガティブなパワーは、周りの人たちを次々巻き込んでいってしまうのです。

前述した銀座店がその典型例でした。おそらくスタッフの中には、そこまで弊社に不満を持っていない人もいたでしょう。しかし最終的にはネガティブパワーに巻き込まれ、退職してしまいました。このように社内にネガティブ思考の人がいると、全体に悪影響を及ぼしてしまうのです。そうした状況を防ぐためにも、方向性の違う社員とは円満を前提に袂を分かつ道を選ぶべきです。仲間との別れは後ろ髪をひかれる思いではありますが、実はこの選択は会社のため、社員のためでもあるのです。

人数が増えてくると、ミスマッチが一定数起こるのは仕方のないことです。しかし、それをそのままにせずに、ちゃんと入れ替えをしていくことは、私は新陳代謝だと思っています。これら2つの理由から、弊社は「やる気のある社員」という大きな推進力を得ることができたのです。

新卒2年の定着率は以前の2倍に

新卒社員の採用をスタートするようになってから、とくに私は「社員は社員だけの存在ではないんだな」と思う機会が増えました。自分の子どもと言っても差し支えない年齢の社員が入ってくるのをみて、「家族や学校の先生、地域の方々の支えがあって育てられてきたんだな」という思いが湧き上がりました。それにならって、会社は、「社員だけでなく家族や先生という存在も大事にすべきなのでは」と気づいたのです。これも、夢育マネジメントを続けてきた結果と言っていいかもしれません。

そこで、希望するご両親には、入社式に参加できるようにしました。子どもが入社するのはどのような会社なのか、社長はどんな人なのか、入社式に参加していただいて、弊社の現状や、それこそ理念やビジョンについてのお話を聞いていただきます。さらには、実店舗の見学会や私とのランチ会もセッティングするようにしました。

また入社式では、新入社員に、親に対する感謝の手紙をその場で読んでもらうようにしました。本人は恥ずかしいでしょうが、親御さんにとっては何よりの思い出になっているようです。

それだけではありません。新卒社員の初任給には「親孝行手当」として1万円を支給し、親にこれまでの感謝の気持ちを伝えてもらうようにしました。そして行ったことを社内ＳＮＳにアップしてもらうようにしています。ＳＮＳには、「親と食事に行きました！」「旅行に連れて行きました」という書き込みがあふれ、それぞれに「いいね！」がついています。こうしたポジティブな気持ちを社員全員に広げていくのです。

さらに自身がお世話になった学校の先生には、「活躍シート」という写真つきの色紙を定期的に持っていくように、と伝えています。「先生に育てていただいたおかげで、私は今こんなふうに社会で活躍しています」という報告は先生にとっても思いがけないプレゼントになっているようです。「自分の子どもは本当に成長したな」「教え子はこんなに頑張っているんだ」と実感するのはとても嬉しいことです。

THANKS GIFT
新しい記事
すべて
くまのみニュース
プライベート
自己紹介
ウニクス鴻巣院
野中 笑那 さん より
全社員
くまのみニュース
池田社長、親孝行手当ありがとうございます！！！
おはようございます 大宮駅前院の野中です！！！！ 池田社長、今回は親孝行手当ありがとうございます。 先日母がずっと食べたいと言っていたシカゴピザを食べに大宮...

THANKS GIFT
すべて
くまのみニュース
プライベート
自己紹介
新宿西口店
長野谷 瑞樹 さん より
全社員
池田社長、親孝行手当ありがとうございます！
おはようございます！ 池袋東口院の長野谷瑞樹です。 池田社長、親孝行手当誠にありがとうございました！ なかなか予定が合わず遅くなってしまいましたが、昨日両...

THANKS GIFT
すべて
くまのみニュース
プライベート
自己紹介
武蔵浦和駅前院
安才 颯 さん より
全社員
池田社長、親孝行手当ありがとうございます！
お疲れ様です。 南越谷駅前院の安才です。 初任給親孝行手当ありがとうございます！ 何にしようかとても悩みましたが、 圧倒的な見た目のキルフェボンのタルトを贈...

THANKS GIFT
すべて
くまのみニュース
プライベート
自己紹介
ふじみ野院
藤村 るいら さん より
全社員
池田社長、親孝行手当ありがとうございます！
おはようございます！ ふじみ野院の藤村です。 池田社長、親孝行手当誠にありがとうございました！ 先日親孝行手当を利用してその時食べたいとなったお好み焼きに...

こうした取り組みを毎年続けてきた結果、ご両親や先生方からの信頼を得ることができました。その信頼が思わぬ形で私どもに返ってきたのです。

例えば、「仕事が合わないいんじゃないか」「会社を辞めたいな」と壁にぶつかったとき「いい会社なんだから、もう少し頑張ってみたら」と親御さんから言っていただけるようになったのです。実際、「親にそう言われたのでもう少し頑張ってみます」と言われたことも数多くあります。いわば親御さんが、会社の味方になってくださっているのです。こういった効果も含め、弊社の新卒社員の定着率は、以前の2倍になりました。ありがたいことです。

また、弊社のことを先生方に好意的に見ていただけるようになったことで、有望な人材の応募が増え、採用の人数も増えています。先生方が弊社のことを「いい会社だから受けてみないか」と有望な教え子に声を掛けてくれるようになったのです。

ご両親や先生方がしてくださっている声がけや行動は決して当たり前のことではありません。常々、支えてくださっているご両親や先生方には感謝の気持ちをしっかりと伝えています。弊社の文化に、「感謝は心でするものじゃなくて伝えるもの」というものがありますが、私自身、そして会社としても周囲への感謝を忘れずにしていきたいと思っています。

夢育をした結果

社内結婚して、出産した社員が続出

夢育マネジメントによる効果は、それだけではありません。夢育をスタートしてから社員のプライベート関連にも大きな変化がありました。というのも、社内結婚をするカップルがグンと増えたのです。ではなぜこれほどまでに結婚するカップルが増えたのか?

これには大きく分けて3つのポイントがあると分析しています。

1つ目は、同じ価値観を持った人たちが男女問わず集まってきたことです。理念浸透を行った結果、採用時から会社と社員のミスマッチが減りました。つまり会社の方向性を理解して、「自分の夢をこの会社で実現しよう」と考える社員が必然的に増えていったのです。

2つ目は、コミュニケーションを活性化する場所が用意されていることです。第1章でも紹介したように、勤務時間中に運動会を行ったり、部活制度によってボーリングやゴルフ、バーベキューを行ったりと、有志によるイベントが精力的に開催されています。また、社内SNSも活況で、そこでは「一日10回ありがとうを伝えよう」というスローガンのもと、毎日たくさんの「ありがとう」が飛び交っています。社員同士が親しみやすい環境で、自然と交流が増えるのでしょう。

3つ目は、弊社がエステサロンも運営していることです。これによって、男女構成比が4・5：5・5くらいで女性の方が多いのです。一般的な整骨院の場合、8：2で男性が多いもの。そのため、業界的には非常に特殊な状況ではあるでしょう。今挙げたような3つの理由から、弊社では続々と新しいカップルが誕生しているのです。

一方で、同業者の方からは、「採用したのに社員同士で結婚されて退職されることはないですか」と聞かれることがあります。しかし、弊社では出産後に辞めた社員は一人もいません。100％復職して活躍しています。もちろん会社ではそのための福利厚生制度も用意してあります。例えば育児勤務を導入しており、未就学児童を抱えているお母さんは「日曜休みで夕方5時まで」という勤務スタイルで働くことができます。

また、これは特殊な例ですが、弊社で運営しているエステサロンの中で1店舗だけ、育児勤務者のみで運営してもらっています。この店舗は、日曜定休で平日も10時オープン17時閉店です。「それじゃ儲からないのでは？」と思う方もいらっしゃるかもしれませんが、そうでもありません。結婚前から勤めてくれているため、確かな経験、技術も持っています。さらに社員は女性ですから、友人もみんな美容に興味があるはずですし、ママ友のコミュニティもあります。そういった人間関係から集客でき、十分利益を出していける体制が取れているのです。

そこまでしたのは、やはり「出産してもこの会社で働きたい」、「ここで夢を実現したい」という考えの社員がたくさんいたからです。仕事を腰掛けだなんて、弊社の社員は誰も思ってはいません。その声に応えたいと思った結果、この店舗展開にたどり着いたのです。

おかげでこれから結婚や出産を控えている女性社員からも、「不安を感じることなく夢に向かっていくことができます」という声をもらっています。

そういう意味でも夢育は、個人の人生に大きくプラスに働きかける作用を持っている、と私は感じています。

土日出勤が必須でも、女性の応募が殺到した理由

少子高齢化の中、どの業界でも「人手が欲しい」という経営者さんの声を多く聞きます。それは私たちの業界でも同じ。しかも、基本的に土日出勤が必須のため、人材確保に四苦八苦している店舗さんも多いのです。どうしても人が足りずに仕方なく営業時間を短縮したり、果ては閉店せざるを得ない店舗もあると聞きます。

しかし、前述したように弊社はおかげさまで毎年新卒社員を始め、必要な人材を採用できています。それは女性が働きやすいような環境を整備したこともありますが、もうひとつ、女性をターゲットにしたお店づくりを目指したからです。

そのヒントとなったのが、飲食業の繁盛店でした。中でもカフェやバルといったおしゃれなお店は、コロナ禍によって多くの店舗が閉店や休業に追い込まれる中、人材を確保し営業ができていました。

それはなぜだろうと考えたとき「やはりおしゃれさ、素敵さに惹かれるからだ」ということに気づいたのです。

そこで弊社では、早い段階でイメージ戦略をアップデートしました。整骨院というと、少なからず湿布の匂いの漂う古臭いイメージがあるのではないでしょうか。そこで弊社はその払拭に、内装から外観まですべてデザイナーに依頼したのです。とくに内装は、美容室やエステサロンを参考にしておしゃれな空間にし、制服は黒系のカラーを採用して引き締まったイメージにしました。店内ではアロマを炊いて、リラックスできる香り等で気を配っています。

このイメージ戦略と、エステサロンを運営していることも手伝って、若手女性の応募が急増。ときには応募の比率で女性が7割を超えることもありました。社員全体で見たときに女性の比率が半分以上になったのは、この結果です。

そして、内装や外観にこだわり、女性の社員が増えたことで、女性のお客様が増えました。女性の施術師がいる店舗ですと、女性のお客様にも安心してご来店いただけます。

整骨院の特性として、どうしても施術側がお客様の身体を触る必要があります。女性の中には

「同性にしか触られたくない」という方もいらっしゃいますので、女性の施術師がいることはとても重要です。

さらに、弊社は集客をWEBで行っていますので、若い方にご愛顧いただけると業績にも繋がります。お客様に若い女性のお客様が増えてくれたことで、自然と若い男性も入店しやすい雰囲気がつくられ、結果的にお客様の年齢層が若くなりました。

また、店舗をグレードアップさせ女性のお客様が増えたことで、男性社員も新たなやる気を持って働くようになったと感じています。接客応対や施術の工夫、マインドのチェンジが必要になるなど、職場内で女性社員からレクチャーを受けられる環境は、とてもありがたいことです。

今後とも女性が働きやすく、さらには「ここでずっと働きたい」と思っていただける職場を目指していくつもりです。

「働きがいのある会社」として4年連続表彰された

91年に設立されて、現在では世界的に活動している意識調査機関GPTW Japan（Great Place To Work® Institute Japan＝GPTW）が調査・認定している「働きがいのある会社」ランキングをご存知ですか？

快適に働き続けるための働きやすさ、仕事へのやる気やモチベーションといったやりがいを軸に、GPTWが独自に会社や社員に対してアンケートを実施し、そのスコアを評価するものです。そして弊社は、同ランキングで埼玉県における「働きがいのある会社」として4年連続で表彰を受けることが出来ました。

この調査はGPTWが独自に当該会社の社員に対してアンケートを実施し、そのポイントによってランキングが決まるものです。

こうして社外の団体から評価を認めていただくのは大変光栄なことですし、評価を受けると「やはり私たちがこれまでやってきたことは、間違いではいなかった」、とあらためて確認できる機会にもなり感謝しています。

受賞に至った理由を私なりに考えてみると、ひとつ思い当たるのは採用です。お伝えしてきたように、弊社は入口の段階でしっかりと会社の理念を共有し、価値観の合う人材と出会える採用を形にしました。

だからこそ、この会社で成長しよう、そのために必要な行動をしていこうと、やる気のある人が入社してくるのです。もちろん入社後に、社員が成長するためのステージを会社側で用意することも重要になります。

もうひとつは、本人のやる気をしっかり制度面でサポートしていることです。若いうちはバリバリ働いて成長したい、給料がたくさん欲しい、出世したい！そういう人も少なくないでしょう。そのため、通常は月に9日と決まっている休日を、本人の希望で7日や5日に減らせることができる制度があります。

5日というとずいぶん少ないと思うかもしれませんが、別途で有給取得も出来ますから、本人が必要とする分の休暇は確保できます。

また第1章でご紹介した毎月のアンケートや上司との面談など、夢育を始めてからの取り組みによって、社員にしっかりと寄り添うことが出来ていることが受賞につながった大きな要因ではないかと思っています。あまり自社を良く言うばかりなのも照れくさいのでこれくらいにしておきますが、こうした取り組みをさらに充実させ、社員に還元していくことが私の最大の使命だと考えています。

社員の声「この会社でずっと働いていきたい」

社員に寄り添う「夢育マネジメント」の取組みによって、社員の定着率が向上していることをお伝えしてまいりましたが、それも、弊社の理念に共感し、近い価値観を持ち合わせてくれている社員が長く働いてくれるからこそ、成し遂げられているのです。

そのおかげで社員数が順調に増え、これまで店舗数を拡大できていると思いますし、今後はもっと規模を大きく増やしていけると確信しています。これはすべて全員の頑張りであり、社員それぞれが性能の良いモーターを持ち、みんなで一生懸命に会社の夢を追いかけてくれたからだと思っています。

そこで本章の最後に「ずっと働きたい」と思われる会社になるためのヒントとなるエピソードをお伝えしたいと思います。

9年ほど前、ある女性が中途採用に応募してきてくれました。当時、社員15人ほどの小さな会社で、まだ組織としても固まりきっていない頃でしたが、採用担当者が「絶対にこの女性を採用した方がいい」ということで採用することにしました。

しかし、タッチの差で「別の会社の内定を受諾してしまった」と女性から連絡がありました。採用担当者も私も、「欲しい人材だったね」と話すなか、せめてと思いお手紙を書くことにしました。

内容としては、「○○さん、ぜひ一緒に働きたかったです。内定先でもご活躍を期待しております。もし何かあって気持ちが変わることがあれば、いつでも連絡してくださいね」という簡単なものです。

そして後から聞いた話ですが、そんなふうに送った手紙が彼女のもとに届いた頃、彼女は入社した新しい職場で、すでに人間関係に打ちのめされていたと言います。

そこに届いたのが、私たちの手紙でした。「面接でしか会ってないのに、こんなに言ってくれるなんて……」と彼女は感激したそうです。手紙の後、すぐに弊社に連絡をくれて、あらためて採用に至ったのです。

実際、採用してみれば、彼女は24歳と若く、コミュニケーション能力に優れ、とても伸び代のある人材でした。こちらの期待以上の働きぶりで、採用担当者が惜しがるのも無理はないな、と納得したものです。彼女は入社後、結婚・出産を経て、今は2人目のお子さんの産休を取得中です。「ライフステージが変わっても、ずっと働き続けたい」と言ってくださることを本当にうれしく思っています。

「手紙1通で、そんなことあるの？」と思われるかもしれません。しかし、こうした手紙ひとつで、あるいは言葉ひとつで、人の人生に大きな影響を与えるものです。大事なことは、相手のことを思いやること。そして、それを言葉に出すことが経営者としてもっとも重要なことではないでしょうか。

社員が壁にぶつかったとき、悩んでいるとき。なかなか売上が出せなくてもう辞めてしまおうと思うとき。

逆にお客様から嬉しい言葉をかけられたり、自分の技術でお客様が笑顔になってくださったとき。仕事をしていると、実にさまざまなことがあります。その都度、社員がどう感じているか。それをつぶさに感じ取り、寄り添うことが「この会社でずっと働いていたい」と相思相愛の関係に行き着くのではないかと感じています。

皆さんの会社では、社員に寄り添うために何を大事にしているでしょうか。ぜひ、その試行錯誤のお話をお聞かせいただければ嬉しく思います。

第3章

この仕組みで、社員は

〝努力〟を楽しむ「自走型社員」に生まれ変わる!

CHAPTER 3

人は誰でも、夢を抱いた瞬間から「自走型人間」へと進化する

平成から令和に移り変わり、私たちを取り巻く就業環境も様変わりしました。その中で次世代を担うZ世代の人たちは、「ワークライフバランスを重視し、プライベートの充実を優先して会社での成功を望んでいない」「会社に過度な期待を持っていない」などと言われます。やらされ感がぬぐえず、転職を繰り返してしまう。あるいは、「ここの業務だけすればいい」とプラスアルファの動きができない。たしかにそういった傾向はあるのかもしれません。しかし、その理由を突き詰めて考えてみると、「夢を見ることができない会社」だから、そうした行動になってしまっているのではないでしょうか。私には、会社に原因があるように思えて仕方ないのです。

それとは逆に、夢を見ることができ、夢を応援する環境が会社にあれば、社員は自分から動き出すと感じています。

私がそう感じるきっかけになったある社員のお話をさせてください。

弊社が新卒採用を開始した最初の年に入社してきた女性社員がいました。自分のことを「元劣等生」と呼ぶ社員にそのわけを聞いてみると、学生の頃、友だちと遊びに行ったり飲みに行ったりするのにかまけてしまい、鍼灸の国家試験前には先生に成績の悪さを心配され、職員室で勉強

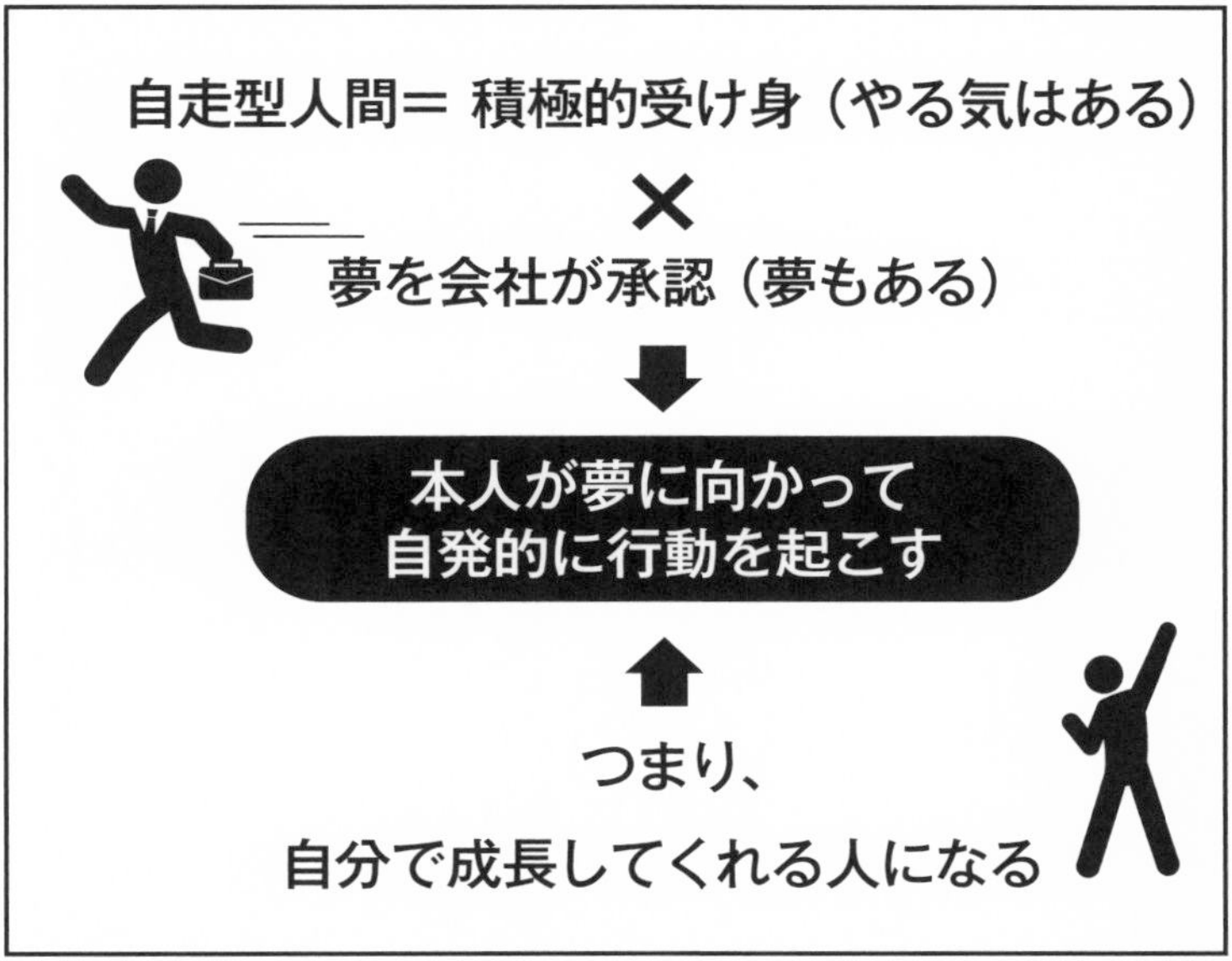
自走型人間＝ 積極的受け身（やる気はある）
×
夢を会社が承認（夢もある）
本人が夢に向かって
自発的に行動を起こす
つまり、
自分で成長してくれる人になる

を見てもらうほどだったと言うのです。しかし、そこから一念発起し国家試験にも合格。その流れで弊社への入社も決まりました。

ところが、です。入社してホッとしたのか、あるいは試験勉強の反動なのか、学生気分に戻ってしまって仕事に身が入らないというのです。

「私はやっぱり劣等生なんだ……」社員自身もこのままではいけない、なんとかしたいという思いは持っていました。そこで、意識して「夢育マネジメント」に取り組むよう社内研修や理念の理解などにつとめるようアドバイスしたのです。

もともと素直な性格で、飲み込みの早い社員です。学びを通してだんだんと自分のやりたいことが明確になっていきました。研修の場でも自らの考えを発言するまでになったのです。

そんなときです。彼女から「美容鍼灸をやってみたい」と提案を受けました。入社当時から比べ、見違えるようにしっかりとした彼女。「それなら一度やってみよう」ということになりました。それからの彼女はより一層熱心に仕事に打ち込むようになりました。美容鍼灸をしっかり学ぶだけではなく、お客様に施術の良さを伝えたうえで受けてもらうなど、営業活動にも力が入るようになったのです。結果、お客様からの反応も上々で、現在は産休、育休から復帰し店長として活躍してくれています。

そんな彼女ですが、改めて当時のことを聞いてみると「多くの社内研修を通して、自分が学んできた鍼灸を美容にも活かせれば、という夢が自分の中で生まれ、膨らんでいきました。でも会社という組織の中で、そんなに簡単に実現できるわけがないと思っていた」というのです。

しかし、自信がない提案でも、会社は快く受け入れて検討してくれた。「自分の夢を受け入れられたことが本当に嬉しくて、それからは仕事に対して真摯に向き合い、頑張れるようになった」と照れくさそうに話してくれました。

この話で大事なことは、それまで無目的に楽しいことを追求していた彼女が、仕事の中で夢を抱けるようになったことです。夢を抱くことができれば、何としてでもそれを実現させたいと誰もが思うもの。しかし、一方だけが「夢を叶えたい」と思ってもうまくいきません。改めて彼女の話から「本人と会社の双方がその夢に本気で向き合うことで、はじめて夢は叶えられる」ことを再確認できました。

会社で夢を実現するためには、本人の本気度が試されるものですが、Z世代の人たちは、もともと高い成長意欲を持っています。しかし、ここに少しねじれがあります。実は、自ら成長するよりも「自分を育ててくれる会社」を望んでいる人が多いのです。

私はこういう人のことを「積極的受け身人間」と呼んでいます。会社から言われたことはなんでも「はい、はい」と言って積極的に動いてくれるのですが、これでは言われたことをやっているだけ。本当の意味で積極的とは言えません。

弊社を含め多くの会社が求めている人材は「自分で成長してくれる人」。本気で夢を実現したいなら、夢を語ること以上に本人がその夢に向かって実際に行動を起こせるかがカギになります。そして本気で夢を実現させる気構えを持った社員が社内で輝けるかどうかは、その夢にどれだけ会社が寄り添えるかどうかにかかっています。

「自分の夢なんて捨てて会社から指示されたことだけをやれ」と言われたら、輝くことができる社員なんていないでしょう。その人が抱いた夢をまず承認すること。そして会社の方向性と整合性を取り、手を取り合って並走することができれば、社員は自ずと「自走型人間」へと自ら変わっていくのです。

人が求めるのは夢と希望にあふれた「三丁目の夕日」の風景だった

皆さん「ＡＬＷＡＹＳ 三丁目の夕日」という作品をご存知でしょうか。昭和30年代の人情あふれる東京下町を描いた映画で、２００５年に大ヒットしました。昭和30年代といえば、集団就職全盛期。地方出身の若者が大きな夢を抱えて、たくさん東京にやって来た時代です。

当時は高度経済成長初期で、多くの日本人が貧しさからの脱却という共通の目標を持っていました。今から見るとブラックな労働環境だったと思います。

「ブラックな労働環境でさぞ大変だったのでしょう」「ただ働くだけの毎日はつまらなかったのでは？」そう思われる方も多いと思います。

しかし、本当にそうなのでしょうか。

私はそうは思いません。そもそも戦争ではなく、経済で世界と競争する時代に変わりました。「仕事でしか得られない喜び」も間違いなくあるということです。

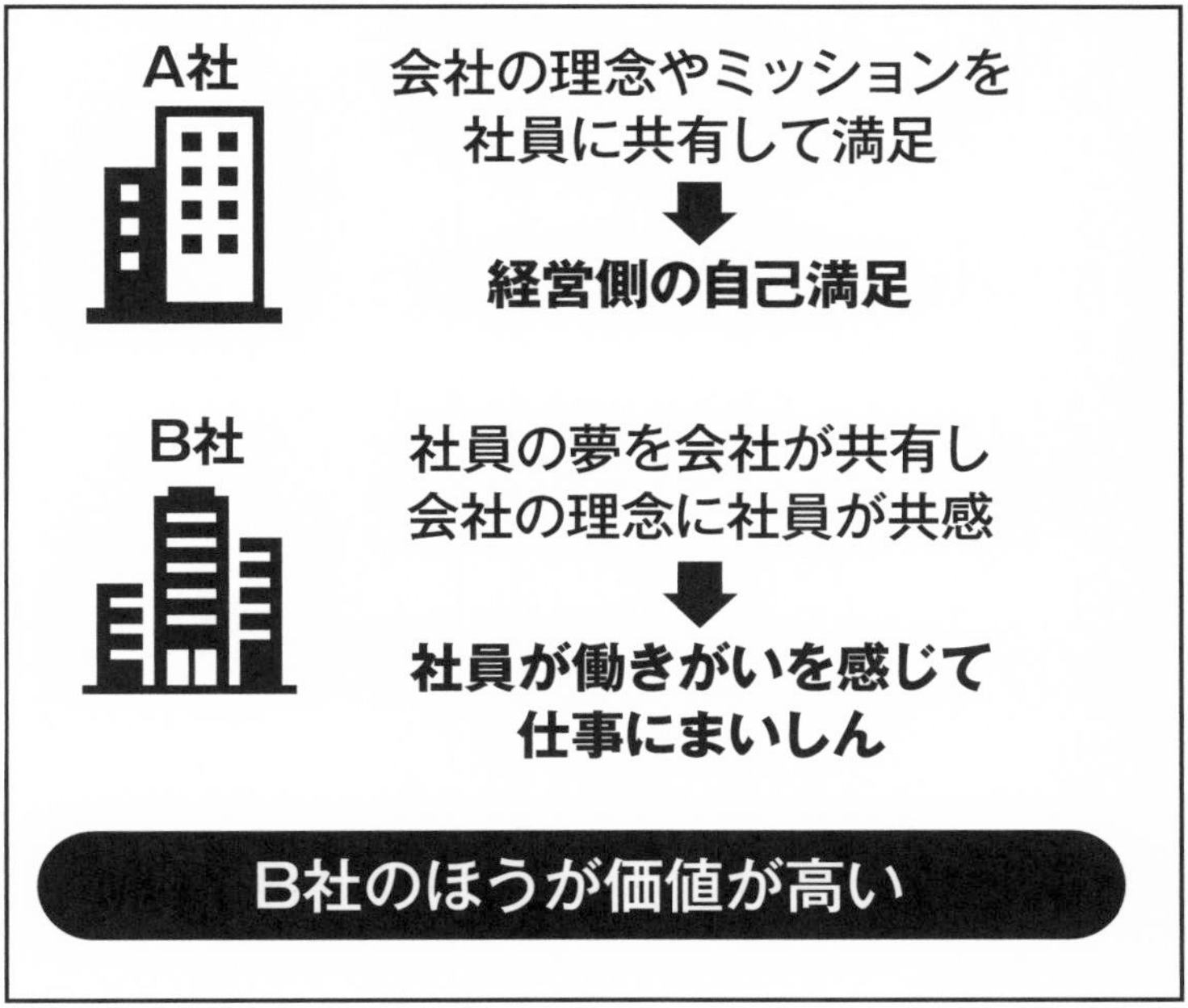
A社
会社の理念やミッションを
社員に共有して満足
経営側の自己満足
B社
社員の夢を会社が共有し
会社の理念に社員が共感
社員が働きがいを感じて
仕事にまいしん
B社のほうが価値が高い

これは昭和に限らず令和の今でも言えることです。例えば、起業したてのＩＴ関連のベンチャー企業を思い浮かべてみてください。やるべきことがたくさんあって、人手も足りず、会社に寝泊まりするような状況。そんな中で必死に業務をこなしていく。「何でも屋」のように自分の業務外の仕事も行う。

外から客観的にその会社の様子を見たら、間違いなく「ブラック企業」と呼ばれるでしょう。もしかしたら「そんな会社一刻も早くやめた方がいい」なんてアドバイスをされるかもしれません。

しかし、そこに関わる社内の人間はどう感じていると思いますか？

「辛くてもう辞めたい」そんな風に思う社員はおそらく一人もいないでしょう。当然大変さや苦労はあるでしょうが、それを上回る夢や働きがいがあって、さらに将来的な対価も期待できる。だからこそブラックな環境でもやる気を持って毎日仕事に打ち込むことができるのです。

よく考えてみると、納得できると思います。起業直後から定時出勤定時帰りでは、成長曲線を描くことはできません。社員はみんなそのことをわかっていて、働いているのです。私もかつて、会社を拡大していく最中にはそれこそ昼も夜もなく働いていました。

たしかに身体は疲れるときもありましたが、それを感じさせないほどやる気に満ち溢れていたのを覚えています。

会社が拡大していくときにはどうしてもこのような「上り坂」をのぼらなくてはいけない時期があります。それを「ワークライフバランスが取れていない」と言って、ブラック企業だからダメだと切り捨ててしまうのは、安直な思考と感じてしまいます。

ワークライフバランスを大事にして、プライベートの時間が十分取れているのがいい会社だというようなイメージが社会的に根付くようになったのは、２０１９年の4月から施行された働き方改革がきっかけでしょう。一時期頻繁に「ワークライフバランス」をマスコミが取り上げていたことをみても、「ワークを軽んじてライフ（プライベート）を充実させましょう」という印象が強すぎたように思います。

たしかに昭和、平成の会社員はワークに偏りすぎていたのかもしれません。それはバブル期以降、本人のやる気以前に会社側が求めていた、もしくは社内の雰囲気によって会社に遅くまでいる必要があったために、プライベートを犠牲にするという状況が長く続いていたからです。とは言えそんな社会情勢の中でも、自分の仕事にやりがいを感じ、まい進していた社員もいたのではないでしょうか。ワークライフバランスの本当の意味は、その当人にとっての仕事と私生活のウエルネスバランスを取ることであり、闇雲にすべての人のプライベート時間を増やすことではないはずです。

才能のあるプロボクサーが本気でチャンピオンベルトを狙いに行くとき、体に悪いからと過酷な減量や水抜きをためらうでしょうか。ためらわないはずです。それと同じで会社の目指す方向と社員の夢がまったく同じときには、人はブラックな環境であったとしても全力で働き続けることができるのだと思います。

誤解してほしくないのですが、過重労働を良しとするブラック企業が許されるわけではありません。ただ夢というものは、「どんな困難にも負けずにその人の心に火をつけ、実現に向けてまい進するエネルギーを与える素晴らしいものなのだ」ということは認識しておくべきだと思います。

三丁目の夕日で描かれた世界には、ノスタルジーだけではなく、自分の夢に向かって必死に働き、そこに喜びを見出していた時代に対する観客の憧れがあったと思います。この感覚は決して過去のものではなく、現在にも通じるものです。

あなたの会社では社員が夢を持っていますか？　そして、その夢を把握していますか？　会社の理念やミッションを社員に共有して満足していませんか？　それは経営側の自己満足に過ぎません。

社員それぞれが夢を持ち、会社がそれを共有して初めて、社員は働きがいを持って仕事にまい進することができるのです。ぜひこのことを、人の上に立つ皆さんには意識していただきたいと思います。

「夢育マネジメント5原則」で誰でも「三丁目の夕日」を描ける！

では、そんな社員一人ひとりの夢を実現に導く「夢育マネジメント」の5原則を具体的に説明していきます。実はこれは私の完全オリジナルというわけではありません。創業当初の苦労から、徐々に会社が軌道に乗っていく過程で出会ったさまざまな経営者の方、また最前線で奮闘されている方、そういった方に伺った事例の中から「うまくいっている会社のアイデア」を私なりにアレンジし、弊社に導入していきました。それをまとめた結果、現在の5原則になったのです。ひとつずつ見ていきましょう。

原則①：明確な未来を見せ続け、理念を共有する

会社は社員に対して明確な未来を見せること、そして理念を共有することを怠ってはいけません。これは会社が今後どの方向に向かっていくのか、そしてどこまで到達したいのかを周知していくということで、言い換えれば「会社が抱いている夢」を社内に告知していくということです。これは多くの経営者が「やっているつもり」になっていることだと思います。残念ながら理念共有はほとんどの会社で不十分だと感じています。弊社も以前はそうでした。そこで社を挙げて、理念共有に努めたのです。

その一例として、弊社の取り組みを簡単に紹介したいと思います。

【理念浸透のために開催しているもの】
・年に2回、1回4時間の理念研修を徹底
・毎日の朝礼で理念の唱和
・新入社員への理念の書き取りテスト実施

これらは第2章で一通り紹介させていただきました。とにかくしつこいと思われるくらいに理念を社員に伝え続けることがとても大事です。「理念を浸透させるには7年かかる」と言われるくらい、なかなか定着しないものだととらえておいてください。

【未来を見せるために開催しているもの】

・年に2回経営計画発表会の開催

この経営計画発表会は、社員に対して「明確な未来を見せ続ける」ために重要なものだと位置づけています。と同時に、この経営計画を伝えることは、社員の士気に直接関わるものだと認識しています。この中で短期経営計画と中期経営計画、そしてとくに大事なのが、経営ビジョンに基づいた「長期経営計画のイメージ」を伝えることです。

経営者としてはどうしても足元の数字、短期や中期の計画を実現するために社員に知らせたいという気持ちが大きくなりますが、社員のやる気、働きがいに直結するのは実は長期計画のほうなのです。将来的にこの会社がどうなっていくのか。また、どんなビジョンを描いているのか。それを社員全員が見守っています。これを見落としてしまうと、「結局この会社が求めているのは、売上という数字だけなのだ」と思われてしまい、社員のやる気を引き出すことは難しくなってしまいます。

ちなみに私はこの経営計画の資料作成にあたり、普段行かない場所に足を運んで資料をまとめました。非日常の世界に身を置いたわけです。

コロナ禍では北海道や沖縄を訪れましたが、以前は海外に行って経営計画を練っていました。なぜ私がわざわざ場所を移して構想・作成していたかというと、「新しいアイデア、インスピレーションを獲得するため」が大きな理由です。

やはり、長期計画がマンネリ化してしまうと、社員は「また今年も同じ目標か」と失望します。注目している分、余計にそう感じてしまうのです。

すると仕事に対する熱意も減り、「それなら自分も変わらない目標を掲げればいいや」というような気になってしまうのです。言わずもがな、この現象は会社にとっても大きな損失を与えかねません。この状態を避けるには、やはり年々会社そのものが拡大基調にあること、その結果将来の目標がどんどん高みに向かっていること、それを実感できる内容が必要なのです。

そのためには新しい将来像を次々と会社自ら見せていかなければなりません。つまり刺激的な新しい場所に身を置くことが私にとっては大事なのです。資料の「見せ方」にもこだわりを持ち、輝かしい将来がしっかり伝わるようなビジュアルを提示して、社員にワクワクしてもらえるものを目指しています。

また春に開催する発表会では、会社発表とは別に、社員全員の前で新入社員に「自分がつくるくまのみの未来」というテーマで1分間プレゼンテーションをしてもらっています。入ったばかりの新入社員ですから、当然社内のことなど全くわかりません。そんなまっさらな状態の新入社員が、自分なら将来はこんなくまのみにしたい！という夢を発表するのです。もちろん荒唐無稽だったり無理難題だったりするのですが、それを発表することで新入社員に「この会社の将来に関わっていく」という気持ちを持ってもらうこと、そして既存社員にも大きな刺激を与えているようです。

この発表にも、ひとつ仕掛けがあり、聞いている全員が声を揃えて「いいね！」と大きな声で返すようにしています。はたからみると、なにかの儀式と誤解されかねませんが、新入社員が仕事として最初に先輩たちに向かって自分の意見を言うこと、そしてそれを全社員が承認してあげること、小さなことかもしれませんが、この一連のプロセスを実践することで社員に一体感が生まれるというしくみです。

日々の中に落とし込んだ取り組みもあります。朝礼中に本日の目標を発表したあと、その場にいる全員で「くまのみ半端ないって！くまのみから世界を明るく！ヨーォ、イエ～ス！いいね！」と唱和したあとでハイタッチして業務に入っていくのです。

いわゆる「アファメーション」のひとつです。まるで高校の部活みたいですが。これを行うと実際に気分が上がって「今日も頑張ろう！」という気持ちになります。

この取り組みは私が指示したわけではなく、現場にいる社員がアイデアを出し、始めたものです。

「半端ない」はサッカーのワールドカップである選手の口癖が流行ったとき、そして「世界を明るく」はコロナ禍のときの社員みんなの気持ちから出てきた言葉です。こんなアファメーションが自然発生的に生まれるというのは、社員に対して「明確な未来を見せること、理念を共有すること」を続けてきたからこそだと考えています。

原則②：納得のいく報酬を出す

おそらく、「納得のいく報酬を出す」ということに関しては、ほとんどの経営者が意識していることだと思います。前章までで、新卒社員の初任給をお渡しする際「親孝行手当として1万円を支給する」というお話もさせていただきましたが、弊社はそれに加えて、すこしユニークな制度を備えています。

それは、「役職者になるとリッチな暮らしができる」という取り組みです。

弊社ではNo・2の役職者に、借り上げ社宅としてタワーマンションに住んでもらっています。

また、社用車としてベンツを貸与している者もいます。これらはすべて、「経営幹部になるとそんな家に住めるんだ」「この会社で頑張れば良い収入を得られるぞ」と実感してもらうためです。人によっては露骨に感じるかもしれませんが、これにも明確な理由があります。

そもそも個人の年収は個人情報に該当しますから、一般に開示されることはありません。それは役職者でも同様で、「きっといい額をもらっているのだろう」という予想の範囲を出ることはありません。そのため、社員はその生活レベルから収入を推し量ることになります。

そこでもし、上司の乗っている車がボロボロの軽自動車だったらどう思うでしょうか。あるいは、経営幹部が安アパートに住んでいたらどうでしょう。それが個人の価値観で「大きい新車に乗っても遠出しないしな」とか「どうせ忙しくて寝るだけの家だから四畳半で充分」という理由だったとしても、ボロ自動車や安アパートの生活レベルを見せられては、社員は「昇格しても大して給料は増えないのかな」と失望される可能性があります。

働く意義はもちろん、給与だけではありませんが、やはり「高い給料がもらえる」のもまた、夢のひとかけらだと思います。いい車に乗って会社に乗り付ければみんなが見ますから、ある意味マンション以上の効果があるかもしれません。だからこそ、あえて私はこのような制度をつくっているのです。

自分を思い返してみても、若い時はミーハーなものです。上司の着ているファッションや履いている靴、休日の過ごし方や遊んでいる場所、そして所有している車や住宅を見て、「あんな暮らしがしたい」とか「こんな会社じゃダメだ」と思ったものです。

現時点においてその人が納得できる報酬を出すことは当たり前ですが、そうではなく将来の報酬を夢見てもらうことも、社員のやる気を引き出すためには重要な要素でしょう。

ちなみにベンツを社用車として購入したのには前述の理由だけではなく、万が一のときにはすぐに売れる、資産性が高いクルマだというのも一因です。値崩れしにくい車を持っていることで、何かあったときのためのリスクヘッジにもなるのです。

原則③：人間関係の環境を整える

前章まででお伝えしたように、毎年業務時間を使って運動会を行ったり、部活制度があったり、誕生日のお祝いをすることは、すべて人間関係を整えるための仕掛けなのですが、こういった取り組みをある程度やられている会社さんも少なくないと思います。

そこでもうひとつ、弊社の重要な人間関係にまつわる取り組みをご紹介します。

それが、「頻繁な人事異動」です。退職や産休、育休などで欠員が出てしまい、必然的に人事異動しなければならない場合もあるのですが、それよりも弊社で人事異動が必要なパターンは「支店が増えたことによる人事異動」です。支店が増えればそこに勤める社員が必要になるため、まずはどこか別の支店から行ってもらわなければなりません。そこで玉突きが起こるのです。

そういった頻繁に起こる人事異動に備えて、弊社では社員一人ひとりの異動希望をしっかりと確認しています。そのおかげで支店ができるときに「この人に店長をやってもらおう」という形で人を探しやすくなっているのです。

また、毎週マネージャーミーティングをしている中で、売上報告などの数字確認のほかに必ず運営上の課題や人間関係の問題点を話し合うようにしています。

これだけの社員がいると、どうしても「誰と誰は合わないらしい」「トラブルになりやすい」ということがあります。その場合、単純なものならマネージャーの判断に任せるのですが、もっと深刻な問題であればそれを考慮して人事異動をかけることもあります。その場合は当該の人の能力や住んでいる場所といった適性を見ながら検討していきます。

もちろん異動したくない人もいます。そのため弊社では「異動拒否権」という制度もあります。異動通知が来たときに拒否できるカードです。その権利が不要なら給料は2万円プラスになります。毎月の給料から2万円引かれても異動したくない、ここが自分の夢に近づける場所だという場合は、その拒否権を持っていれば異動することはありません。

社員一人ひとりみんな違った価値観を持った人間です。職場の人間関係で悩むのはむしろ当たり前のことです。大切なのは、その悩みに対応できる体制を会社側で整えておくことです。私はそういった人間関係の変化にすぐに対処できるように、社員全員の顔と名前が一致して特性までわかるように、と顔写真付きの社員名簿をつくって常に頭に叩き込むようにしています。

皆さんもやられてみるとわかると思いますが、これらは覚える気がないと本当に覚えられません。私は社員が１００人くらいまでは何もしなくても覚えることができましたが、１００人を超えてからは難しくなりました。それからは時間を設けて、一人ひとりの特性、顔、名前をすべて覚えるようにしています。といっても私にとっては特別なことではありません。大事な社員に長く勤めてもらうため、社長として当たり前のことをしている、という認識でいます。

原則④：それぞれの夢の叶え方に寄り添う（夢は人それぞれ）

「Z世代の人たちは夢見るよりも現実を見ている」といった話を周りの経営者から聞くことがあります。たしかにそういった方もいらっしゃるとは思いますが、弊社の社員は夢や希望を持って入社してきてくれる人がとくに多いのです。それは理念をしっかり社外に対しても発信し、採用時に理念に合った人材を採用できている証でもあります。

そういった社員の夢を聞く中で最近増えているのが「海外で働きたい」「海外展開したい」という声です。

多店舗化していく中で、日本にとらわれずに会社の発展を考えてくれていることに驚き、感謝するのですが、ただよくよく話を聞いてみると、若い人たちの考えている海外というのはだいたい欧米でお洒落なイメージが先行しています。会社として考えている海外だと、東南アジアだったりするので少し方向がズレているのですが、とはいえこれらは社内でしっかり成長していけば解消できるズレだと考えています。

また、将来店長やマネージャーになりたい人が多いかと思いきや、「教育担当になりたい」人が多いのも弊社の特徴です。

入社時から自分たちが受けてきた指導を、今度は下に対して自分が行っていきたい。これは新人研修の方向性が間違っていない証明と言えるかもしれません。

また、会社と全然関係がない夢についてもよく聞きます。「やりたいことはなんですか?」という感じで聞いてみると「北海道に行ってみたい」とか「フルマラソンに出たい」といった答えが返ってきます。そういうものも丁寧に聞いた上で「じゃあすぐできることをひとつ、何がありますか?」と伝えます。やりたいことをいろいろ挙げた中にひとつは、すぐできることが入っていることが多いからです。すぐできることをすぐやってみる。そうやって行動する習慣づけをするのです。それぞれの夢の形は違うもの。それを理解して応援することを大事にしています。

夢に関連した事例で、こんなことがありました。

ある店長と面談したときに「車が欲しい」という話が出てきました。詳しく聞いてみると「ホンダのN-BOXが欲しい」と言います。「なるほど、でも金額を気にせずに考えたら、違うんじゃないの？」と聞くと、「実はレクサスが欲しい」と言うのです。

さらに私は「予算はいくらなの？」と尋ねました。すると「100万円です」と答えます。たしかに軽自動車の予算かなと思いましたが、年式を考慮すれば100万円台でもレクサスが買えます。「軽自動車とレクサス、購入した時の満足度はどちらが高いかな」という会話をしました。

それから2週間後のことです。その店長から私に連絡がありました。「レクサスを買った」と言うのです。それだけでも驚きでしたが、なんと100万円だった予算を超えて200万円出したそうです。店長の声は弾み、「買って良かった」と喜んでいました。私はその話にうるっときてしまいました。ひとつの夢が実現したその瞬間に、立ち会うことができたのですから。その後、店長は精力的に働き現在も変わらず活躍してくれています。

余談ですが、その話が社内に広まり、別の人が「じゃあオレはアウディだ」と言ってアウディを買う社員も現れました。不思議ですね、そうした前向きな雰囲気は人の気持ちも変えるのです。

大事なのは、仕事のことだけではなくこのような「プライベートな夢も自由に語れる環境をつくる」ということです。夢を発信することで自分もそれに向かって行動する。そして会社としてもそれを後押しする。そのことが結果的に個人も社員も幸せな将来を描くことにつながるのです。

原則⑤：社員の「心の声」をこまめに聴く

本音を聞くために毎月全社員に対して行っている「ワンミニッツチェック」。これは、社員の心の状態をこまめに確認し、なにかあればすぐに気付けるための体制づくりの一貫です。それとは別に上司との1対1の面談も毎月実施しています。それくらい弊社では、社員の心の声を聞くことを大事にしています。

面談時に大切にしてもらっていることは、「上司側が自己開示すること」です。自己開示がなければ相手の開示もありません。そのためには仕事の話ばかりではなく、必ずプライベートの話も必要になります。普段どんな生活をして、何に興味を持っているのか。好きな食べ物は何なのか。そういった自己開示をした後に、前のめりで話を聞くこと。やはり興味を持って聞くのと、無表情な顔で話を聞くのでは、話している側も熱量が変わってくるからです。

さらに1年目の新人に対しては、「グループメンター制度」を導入しています。以前は一人の新人に対して一人のメンターがついて、定期的に面談を行うようにしていました。あえて新人本人と関わりの少ない人をメンターとして付け、本音が言いやすいようにしていたのです。ところがメンターの方が退職してしまったり、本業ではないメンターという業務に対して熱量が足りなかったり等の問題が出てきたのです。

そこで現在はグループメンター制度に変更し、新人4人に対して2年目の社員4人がメンターとして面談に当たる、4人対4人の制度を整えています。前述したイレギュラーな状況への緩衝にもなりますし、さまざまな悩みに対して答えられる人が「必ずいる」ということで、話しやすくなるというメリットがあります。例えば、女性が女性特有の悩みを男性にすることは難しいという問題もあります。やはり女性同士だから話せる悩みもあるもの。そういった部分にも対応するようにしています。

このグループメンター制度は新人のための1年目の育成なのですが、実は2年目の育成にもつながっています。つまり相談に乗ってくれているひとつ上の先輩というのは、新人にとっては来年の自分自身の姿なのです。自分の悩みを解決すべく話を聞いてくれている先輩たちと同じように、来年は先輩としてひとつ下の新人たちに向き合わねばなりません。また新人というのは一年間、会社の中で一番下の立場です。成長曲線が一番伸びる時期ではありますが、逆にどうしても甘えが出てしまう場合もあります。

しかし目の前に来年の自分の姿があれば、「どうしてもそこまではたどり着かなければならない」と考え、自身の能力や経験が足りなければ必死に成長しようとします。そこでまた悩みがあれば先輩と話し合って解決し、その経験を持って翌年は新人にその教えを伝えていく。この繰り返しによって、1年目2年目の社員の成長はさらに促進されていくと考えています。

いかがでしたか？　夢育マネジメント5原則を詳しく解説していきましたが、皆さんの会社にもすぐ導入できるアイデアはきっとあるはずです。

この5原則を参考にしていただいて、皆さんの会社もぜひ三丁目の夕日のような「夢に向かって全力で働ける会社」を目指していただければと思います。

■実際に「やること」「メリット」「リスク」を書き込んでみましょう

原則① 明確な未来を見せ続け、理念を共有する

やること：

メリット：

リスク：

原則② 納得のいく報酬を出す

やること：

メリット：

リスク：

原則③ 人間関係の環境を整える

やること：

メリット：

リスク：

原則④ それぞれの夢の叶え方に寄り添う（夢は人それぞれ）

やること：

メリット：

リスク：

原則⑤ 社員の「心の声」をこまめに聴く

やること：

メリット：

リスク：

第4章

部下が〝成果〟を上げまくる！

夢育マネジメント「学びシステム」の極意

CHAPTER 4

「会社の成長」と「社員の夢」を同時に叶える"驚異の方法"

「会社の業績を成長させたい！」「社員にイキイキと働いてほしい！」

この本を手に取ってくださった皆さんにはそんな思いがあると思います。ではその思いの「本気度」はいったいどれくらいですか？

「今すぐにでも実行したい」ものなのか。それとも「様子を見ながら徐々に変革させたい」のか。その熱量によって、得られる結果は変わります。私のところに相談にやってきたある美容サロンの店長も、「会社を変えたい」と言います。というのも、社員の離職に歯止めがかからず、「会社を本気で変えなければならない」ところにまで追い詰められていたのです。

そのお店は、まつげパーマやエクステ、エステなどさまざまな美容メニューを展開し、お客様からの予約は入る一方で、離職率が高く組織として機能していない部分が見受けられたのです。社員が確保できるまでは、お客様からの予約をお断りせざるを得ない、そんなギリギリの状態だったのです。

それにも関わらず、店長はこうした状況を「仕方ない」と思い込んでいたふしもありました。美容業界は他の業界に比べ、離職率がもともと高く、社員が入れ替わるのはそんなに珍しいことではなかったからです。しかし、この状況は看過できるものではありませんでした。そんな折、私にご相談をいただいたのです。

店長から現在の状況を詳しく聞いた後、私は2つの質問をさせていただきました。

・スタッフとのコミュニケーションはできていますか？

・社員全員の夢を知っていますか？

そして返ってきた答えは、予想通りのものでした。「日々のお客様対応に追われるばかりで、スタッフと業務以外の話をしたことはほとんどない」というのです。そんな状態では、夢を語る機会もないでしょう。

実はこういった状況は決して珍しいことではありません。弊社も含め、飲食店や不動産など接客サービス業は、お客様の対応が何にもおいて優先されます。そのため、意識しなければ社内で深いコミュニケーションはとれず、人間関係が希薄なまま毎日仕事をすることになります。すると社内の雰囲気になじめなかったスタッフが一人二人と辞めていってしまうのです。まさに美容サロンの中でも同じことが起こっていました。

店舗責任者からすると、気持ちが営業やお客様に向いてしまうのは当たり前のことです。しかし、その意識こそ変えなければならなかったのです。

すなわち、「運営を継続していくためには、仲間となるスタッフが必要不可欠である」という意識です。スタッフが頻繁に入れ替わり、その度に新人に一から仕事を教えているようでは、営業に集中することもできません。

このことを店長にも話すと、深く納得してくれました。そして、夢育マネジメントを取り入れて、スタッフの定着率を向上させることにしたのです。

まず、営業前や営業後に、店長ご本人の夢、サロンの未来をスタッフにしっかり伝える機会をつくり、またスタッフ全員と定期的に面談する時間を設けました。そして、将来の夢やそれに向かって今何をするか、そしてサロン内の人間関係の悩みなどを店長がしっかり聞くように努めました。

夢育マネジメントを実施して2ヶ月後、変化が出始めました。スタッフの目の輝きが明らかに変わり、スタッフ同士自らコミュニケーションをとるようになったのです。それだけではありません。毎月のように出されていた退職届が激減。4ヶ月後には、離職者がほとんど出なくなったのです。店長もこのあまりの変わりように感動するとともに、大きなショックを受けて驚いていました。

さらには、雇い入れる段階で応募者に自社の理念やお客様への思いを伝えるなど、夢育マネジメントを軸にした採用へとチェンジ。すると、応募者の傾向がサロンにピッタリ合うようになったのです。自然と前向きなスタッフが集まり、既存のスタッフにもそれが浸透。全員が同じ方向を向いた、風通しの良い職場となりました。

お客様にもその雰囲気の良さが伝わるのでしょう。1年後、再度サロンを訪れた際には「ますます繁盛している」といううれしい報告を聞くことができました。

サロンが10人未満の少人数で運営しているお店だったこと、そもそもコミュニケーションが取れていなかったことが、このような早い結果を生み出しました。ともあれ「本気で店を変えよう」というトップの強い気持ちさえあれば、スタッフへの浸透も早くできるものです。

大きな会社であっても、時間はかかりますが、変革への強い熱意と意思があれば、目指す形へ変わっていくことはできます。

ただし、その変革にはときに痛みを伴う場合もあります。あるいは、思ったように進まないこともあります。しかし、やってもいないうちから「それはできない」と避けていては、いつまでも現状は変わりません。

そういう意味で、会社を成長させていくためのカギは、トップが古い価値観を捨て、その分、新しい価値観を受け入れて、いかにマネジメントしていくかではないでしょうか。

技術研修の前に「人間性」と「人としてあるべき姿」を教えなさい

「上司のここが悪い」「会社のああいうところがダメだ」

あなたの周りにも、そんなふうに不平不満ばかり言う人はいませんか？

上司や会社の良いところには目を向けず、悪いところだけをクローズアップして批判する。しかもそういう人に限って「自分は正しい」「自分だけは頑張っている」と自己評価は高い傾向にあり、「悪いのは上司や会社」と自分のミスや失敗は環境のせいにしてしまう……。

そんな思考を持っている人が多い会社は、はっきり言ってとても不幸です。なぜならそのようなネガティブ思考は強い影響力があり、周りに伝染していくからです。相手の悪いところを突く言葉はどうしても言い方がきつくなります。またマイナスの感情が強く出るので、その点でも聞き手にダメージを与えます。

たとえポジティブ思考の人でも、ネガティブ思考の強さには引っ張られてしまいがちです。いつしかみんな同じような思考に転じてしまい、社内全体の雰囲気がどんどんネガティブに傾いてしまう。一度そういった雰囲気が蔓延してしまうと、そこから抜け出すのは難しくなってしまうのです。

つまり、自走型社員を増やして会社全体を前向きにしたいと考えたとき、最も障壁になるのは、社員の能力ではなく「人間性」と言うことができるでしょう。

どんなに能力が高い社員でも、ネガティブ思考で会社に対する不平不満ばかり発信する人であれば、周囲の社員にも悪影響を与え、会社全体の生産性がどんどん下がってしまうこともあるからです。

私は会社を改革していく最中で、このことに気づくことができました。そのため現在弊社では、採用時に能力の高さよりも「人となり」、中でも「素直さがあるかどうか」をとくに重要な判断基準に置いています。

素直な人は、周囲からの助言や指摘をすんなり受け入れることができます。また、他責することなく、自身のミスや失敗を認めて改善を試みることができるので、伸び代が大きいのです。

逆に素直さがない人は、能力が高かったとしても、それ以上伸びていかないことが多いもの。多くの先輩たちが実践・蓄積してきたやり方、考え方があるのに、いつまでも自分の少ない経験値を優先してしまうのです。このような頑固さがあっては、それ以上の成長は望めないでしょう。

「素直さ」に加えて弊社で重視しているのは、「行動力」と「誠実さ」の有無です。素直に多くの人からたくさんのことを学べたとしても、それを実行に移す行動力がなければ結果はついてきません。「学んだことを即実行する、〝すぐやる力〟こそ行動力なのだ」と社員には伝えています。

そして、嘘をつかない、約束を守るといった「誠実さ」は、一緒に働く仲間として、人として必ず備えていてほしい、基本的な人間性だと考えています。この誠実さとはすなわち、自分のことよりも、まず他人や周りのことを考える「利他の心」だと私は考えています。利他的思考をしっかり理解し、それを行動にも反映できていれば、社内のみならずお客様からも愛される人間性を獲得できるはずです。

とはいえ、最初から素直さや行動力、誠実さといった能力をすべて備えた人はいません。だからこそ、年2回の全体研修や外部講師を呼んで行う特別研修、さらに勉強会などを通じて、人間性を高めてもらえたら、と考えています。

技術は、素直に聞き入れる耳と実行する行動力があれば、あとからいくらでも身につきます。しかし人間性というのは、他人が外からあれこれ言って変わるものではありません。本人自身が何らかの気づきを得て、初めて変わることができるのです。各プログラムはそのきっかけになれば、という思いで行っています。

「人間性を高めよう」と自ら努力する人が増えることは、会社にとって非常に大事なことです。なにより人間性を高めることで最も恩恵を受けるのは、その人自身。高い人間性があれば、多くの人から愛され、夢を応援してもらえるでしょう。それは、社員や会社の幸せに通じる一番の近道だと私は思います。

夢を叶える社員が続出！ 我が社の「早朝勉強会」の秘密

私はこれまで交流会に参加したり海外視察に行ったり、あるいはセミナーや外部の勉強会に参加したりと貪欲に学びを追求してきました。そうした私の姿勢が少なからず伝わっているのか、弊社の社員もまた積極的に学ぼうとする者が多いです。

「日々の学びから成長し、1日でも早く夢を叶えたい」

そんな社員の姿を見て私もまた「彼らの夢の後押しをしたい」そう感じるようになりました。その一心で2018年から始めたのが「早朝オンライン勉強会」です。週に1回、開店前の朝8時から30分間、オンラインで行っています。学ぶ内容は、回によってさまざま。人間性を高めるための考え方や価値観といった自己啓発的な話から、営業のトーク手法という業務寄りの具体的な内容まで幅広く行っています。

実は、この早朝勉強会はいくつか「こだわりポイント」があります。

例えば、勉強会でははじめに各回のテーマに沿ったDVDを視聴するのですが、後半は学んだ内容について参加者全員で必ず意見交換をします。この意見交換が、勉強会の肝となっています。

というのも日本人は、インプットはできるものの、アウトプットはなかなかできず消極的になる傾向があります。しかし、習ったことは即実践するからこそ、身につくもの。勉強会の意見交換はまさに、アウトプットの場なのです。学んだことを一度自分に落とし込んでから言葉として発することで、確実に頭の中に定着させることができます。実際、営業トークを勉強会で学んだスタッフが、翌日すぐに実践して、成果を挙げたということもありました。それくらい「すぐアウトプットを行う」のは大事なことなのです。

そうはいっても「アウトプットが大事なことはわかったけど、任意参加にしたら、うちの会社では誰も参加しないよ」「強制参加にしないと意味がないのでは?」と思われる方もいらっしゃるかもしれません。しかし、弊社が「任意参加」にしているのにも明確な意図があります。

もし強制参加にした場合、当然ですがやる気のない人も参加することになります。しかし残念ながら、そういう人たちには、どんなに素晴らしい知識を与えたとしても自分の中には残りません。アウトプットさせようにも、インプットができていないため、こちらが求める成果にはつながらないのです。

それならばいっそ参加を任意にして、本当にやる気のある人たちだけをふるいにかける。少人数でも自ら「学びたい!」と意欲のある人たちを集める。これもこだわりポイントのひとつです。

そして「オンライン開催」というのも重要なポイントです。オンラインなら、ネットが接続できて耳さえ傾けられる環境であれば参加できます。弊社では実際、早めに出勤してリアルで参加する人のほか、通勤途中の電車内から……、ご自宅で食事の準備をしながら……など、それぞれの都合に合わせてたくさんの人が参加してくれています。

「参加しやすい環境をつくる」それもまた、重要なことなのです。とくに弊社は埼玉県内、県外とスタッフは異なる店舗に分散しています。そうした社員が分け隔てなく参加できることも、オンライン開催のメリットです。

現在は毎回、平均して10～15人ほどの参加者が集まります。オンラインですからもちろん人数制限もありません。「聞くだけでもいいですから、参加できる人はどんどん参加してくださいね」と社員には伝えています。余談ですが、同じように学ぶことに積極的な人たちは、どうやら気も合うようで参加者同士の社内のコミュニケーションも一層活発化しています。さらに早朝からポジティブな気持ちになれるのか、その後の勤務にも力が入り結果的に良いパフォーマンスを発揮できているようです。その結果、勉強会に継続的に参加している社員からは、自分の夢を叶える者が次々と誕生しています。

夢が叶う早朝勉強会。それは決して大げさな表現ではないのです。皆さんの会社でも、ぜひ検討してみてください。

福利厚生も大事だが、それ以上に大切なのは「体験投資」だった!

弊社は毎年新卒・中途共に採用を行っていますが、福利厚生の手厚さを自社の魅力にしている企業も多いでしょう。保養施設の利用ができたり、安く旅行に行けたり、さらに人生の節目に給付金が出るといったものはたしかに惹かれるものがあります。応募者からすればそれもまた、企業を選ぶ際の一要素になるのもうなずけます。

しかし私は、社員にとって福利厚生よりももっと重要なものがあると確信しています。それは、「体験投資」です。

体験投資とはその名の通り、社員にさまざまな体験をしてもらうためにお金を使うことです。たとえば弊社では、これまで以下のようなイベントを開催して社員に対する体験投資を行ってきました。

・経営者たちとの交流会参加
・Ｇｏｏｇｌｅ日本支社の見学ツアー
・大手求人メディア本社や大手スポーツジムの研究施設の見学ツアー
・話題の外食チェーン店でのお食事会　など

また、社員総会で用意する景品にも体験投資の要素を入れています。たとえば、スカイダイビングやバンジージャンプの体験チケットやリッツ・カールトンのペア宿泊券、少し変わったものでいうと「社長とサシ飲み」「社長が自宅まで車で迎えに行く」といった景品も、意外と好評でした。若手社員からしたら、社長とは会うこともそうそうありません。そんな社長が自分を車で迎えに来るわけです。それもまた仲間内で集まるたびに話のネタになるような、貴重な経験を提供できているのではないかと思います（〝社長〟という立場を利用したコストのかからない景品ではありますが……）。

リッツ・カールトンに泊まった20代の社員からは「宿泊者全員がお金持ちに見えた」という感想をもらいました。普段は行くことのない場所へ行くことで感じることは、本当にたくさんあると思うのです。

また、会社員として働いていれば経営者の方と話す機会はそうそうありません。しかし、直接会って話をすることができれば、経営者のマインドや責任感を学ぶことができます。さらには大手有名企業の内部やそこで働く人を間近で見て「こんなふうに仕事をしているのか」「こんな仕組みは自社に取り入れられそうだな」といった刺激ももらえます。

私がなぜこれほどまでに「体験投資」に力を入れているのか。それは、「若い時の経験は千金に値する」と知っているからです。

今の20代は優秀で現実的な人が多いので、１００万円あっても「60代まで貯めて老後資金にしよう」という方が多いかもしれません。しかし、です。20代という時間は、お金をつぎ込んでも戻ってきません。それよりも20代で経験したことは、40年間、あるいはそれ以上、自分の糧となり続けて、新しいポジションや仕事につながる可能性があるのです。体験貯金が豊富なら、お金なんて後からいくらでもついてきます。

人間はただ歳を重ねるだけでは精神的に大人にはなれません。毎日ただ家と会社を往復する30歳と、毎日失敗や成功を含めたいろいろな経験をする30歳とでは、人としての深みが違います。体験の幅が、人を成長させるのです。

「あーあ、それなら自分も20代の時にいろんな経験をしておけばよかったな」と思われた30代以上の皆さん。どうかあきらめないでください。今からでもまったく遅くはありません！どんどん体験投資をしていただければと思います。

私が30代以上の体験投資でとくにおすすめしているのが、「海外への一人旅」です。家族旅行や出張など、複数人で海外へ行く経験はあっても、一人で行くというのは意外と経験のない方が多いのではないでしょうか。

海外一人旅は、異文化を肌で感じられるとともに、人生経験を積んできた人にとっても若干の心細さと大いなる自由を満喫できる体験だと思います。スケジュールや準備がネックの場合、韓国や台湾など近場の国であれば、それほど構えずに行くことができるでしょう。

どんなに年齢を重ねても、残りの人生では「今」が一番若い時。ぜひチャレンジしてみていただければ幸いです。

寿司屋貸し切り・食べ放題で「サービスとは何か？」を考える

前項の「体験投資」の延長で、大宮にある私の友人が経営する寿司屋を貸切にしたことがあります。幹部社員や幹部候補など30数名を連れて行き、食べ放題・飲み放題で宴会を催したのです。普段そのようなサービスは行っていない店ですが、寛大な友人のおかげで実現することができました。

最近は寿司屋といえば回転寿司が一般的で、社員、特に若い世代は〝回らない寿司屋〟に行く機会はほぼありません。

「頼むからかっぱ巻なんて頼まないでくれよ～！」

私は、慣れない場所で少し遠慮気味の社員にそう伝えました。ウニや中トロ、いくらやほたて……回転寿司ですら注文する前に一度考えてしまうようなネタを〝回らない寿司屋〟で心置きなく食べられる。こんな貴重な体験の機会を逃してほしくないと思ったからです。

それと共に、この体験を通して社員には「回転寿司」と「そうでない寿司屋」のサービスの違いを感じてもらいたいと思いました。

今の回転寿司はタッチパネルで注文すると、機械が握った寿司がコンベアで運ばれてきます。つまり、基本的に人を介さなくてもサービスが成立します。

一方、回らない寿司屋のサービスはすべて人を介します。注文は職人に直接伝える必要がありますし、注文を受けた職人は自らネタの切り身に包丁を入れ、酢飯を取ります。流れるようなプロの技で美しく握られた寿司が、職人から手渡しでお客様に届けられます。

しかも作業の全工程をリアルタイムで見ることができます。言ってみれば、カウンターは技術だけでなく、職人の人柄や心意気が伝わる寿司職人の「ステージ」なのです。

「ステージ」は人によってそれぞれ違います。例えば私たちのような柔道整復師・鍼灸師であればお客様の前が「ステージ」になります。

自信なさげで弱々しい手つきの職人よりも、自信たっぷりの慣れた手つきの職人が握る寿司の方が、お客様はきっと何十倍も美味しく感じられて満足できるように、私たちもまた安心して施術を受けていただけるような「自信」を身に付けなければなりません。そしてその自信は、一朝一夕で備わるものではありません。自身の経験や、勉強によって磨かれていくものです。

「回転寿司」と「そうでない寿司屋」の違いを通してもうひとつ社員に学んでほしかったことがあります。それは「値段やグレードの高い店には相応のサービスの質が間違いなく存在している」ということです。グレードの高い店は、プロとして責任を持って最高のサービスを提供しなければなりません。

一流の寿司職人さんが見せてくれた手さばき、無駄のない動き、そして会話力、現場での臨機応変さ、何より「私たちが提供しなければならない、質の高いサービスとはなにか？」それを社員はこの体験から学び取ったのではないかと思います。

私が「社員総会」に〝金髪〟で現れた理由

昨今、ニュースで話題の「高島りょうすけさん」をご存知でしょうか。高島さんは、全国歴代最年少、当時「26歳」の若さで、芦屋市長に当選した若きホープです。
灘中学校・高等学校卒業後は、東京大学とハーバード大学両方に受かったので、４カ月東大で学んだ後にハーバード大に進

学した輝かしき経歴の持ち主でもあります。

そんな彼の当選を、陰で支えていたのは、選挙プロデューサー「松田馨さん」です。芦屋市のキャッチコピー「世界で一番住み続けたいまち」の考案のほか、〝まるで別人〟と評されるほどの「大胆イメチェン」も敢行したことが、大きな話題になっています。

イメチェン前の高島さんは、眉上で切りそろえられた前髪、メタルフレームのメガネをかけた真面目そうな青年でした。しかしフレッシュな印象が強く「学生」にも見えてしまいます。

松田氏は、前髪を斜め分けにし、おでこを出して、「清潔感・リーダーシップ・意志の強さ」が感じられる印象に変えました。有権者の目に、〝自信みなぎる社会人〟として映るよう、印象をととのえたのです。

エリート育ちの彼にとって、長い前髪で隠していたおでこを出し、トレードマークだったメガネを外すのは、大きな〝冒険〟であり、挑戦だったかもしれません。それでも「大胆イメチェン」も奏功し、当選という結果を得ることができました。彼の勇気には拍手しかありません。

実は、かくいう私も、実は2020年に〝大胆イメチェン〟を敢行したことがあります。それは「黒髪→金髪」へのチェンジでした。高島さんよりも、さらに度肝を抜く「ド級イメチェン」だったと思います。高層階にある一流レストランで行われた創業10年を迎える「社員総会」で、誰にも予告しないまま、いきなり披露しました。

正直、社員は、「社長、一体どうしちゃったの？」と驚いたはずです。47歳にもなる私が、金髪頭で現れるなど、予想だにしなかったでしょう。

それもそのはず、私自身、金髪にしたことはありません。47年間の人生で初めてのこと、美容院で頼むのを少しためらったくらいなのですから。

それでも、私には、金髪になるべき理由がありました。それは、社員に「やったことのないことでも、大胆にチャレンジしてほしい」というメッセージを伝えたかったからです。

社員総会に金髪で現れるほど、度肝を抜くチャレンジはそうそうないでしょう。驚くようなチャレンジをする私の姿を見て、「新しいことに挑戦する心」を取り戻してほしいと思ったのです。

会社の持続的な成長には、これまでの常識をうたがい、破る事もいとわない「フロンティアスピリット」が必要です。

他社の追随を許さぬ「急成長企業」になりたいと本気で願うなら、時には、経営者やリーダーである〝あなた自身〟がまず海に飛び込む「ファーストペンギン」になってください。それが社員自身のカラを突き破り、「自走型社員」を次々と生み出す最大のきっかけになるのですから。

私がボランティアでセミナー講師を続ける理由

「夢育マネジメント」を始めてから、社外で講演を行う機会が増えてきました。大変ありがたいことに、「さらに自社に落とし込んだアドバイスがほしい」という声もいただくほどになりました。
講演については、たとえ無報酬でのご依頼であっても内容を確認した上でなるべくお受けするようにしています。

そうしたことを同業者や周りの経営者に話すとたいてい、「実績のある池田さんが、なぜボランティアの依頼に対応されているのですか？」と驚かれます。こんなに忙しくしている中で報酬をもらわないこともあるなんて！「報酬は絶対もらったほうがいいよ」とすすめてくださる経営者もいらっしゃいます。しかし、私は今後も無報酬でお願いされた場合は、ボランティアで講演を続けます。なぜなら講演やセミナーの目的が、報酬ではないからです。

単にビジネスとして、利益を上げるためにセミナー講師をしているのであれば、報酬は高ければ高いほど良いに決まっています。もちろん私も仕事の時間を割いてセミナーを行っている以上、報酬があるに越したことはありません。

ですが私が講師を続けている一番の目的は、「社会に生きている多くの人たちに幸せを届けたい」という非常にシンプルな願いなのです。

最初にお伝えしてきたように、日本人のビジネスパーソンの幸福度はあまりにも低いのが現状です。あなたも朝の通勤時、ふと我に返って周りを見渡したときに、ホームやバス停で電車やバスを待つ人、満員電車に押し込まれている人……みんなの顔がまるで亡霊のように見えたことがありませんか。不幸せそうな顔、無表情な顔……日本の会社員の多くは自身の仕事にも、自分の生活にすら幸せを見出せていません。こうした現状をなんとか変えたい。青臭いかもしれませんが、私は本気でそう思っています。もちろん、私一人の力などささいなものですが、それでも少しでも世の中が良くなるように働きかけていきたいのです。

どうしてそこまで私が講演活動を続けるのか。それはこれまで私の人生を支えてくれた人たちに、そしてこの社会に「恩」を感じているからです。

皆さんは「恩送り」という言葉をご存じでしょうか。

恩返しは恩を受けた方にお返しをすることですが、恩送りとは恩を受けた相手ではなく、次の世代の方に恩を渡していくことを意味します。

私の今があるのは、これまで私に関わり、力を貸してくださった多くの方のおかげです。本来ならばその方たち一人ひとりに恩を返していくのが筋でしょう。しかし、それだけをしていては恩のやり取りが自分の周りの小さな関係性の中だけで終わってしまいます。きっと私を支えてくださった方々なら、そうは望まないはずです。

それなら、恩を受けた方へ恩を返すだけではなく、もっと大きな視点を持って自分より下の世代に対しても恩を送っていく。それこそが必要だと思っているのです。

夢育マネジメントの講演やセミナーも、私にとっては次世代への恩送りのひとつ。そのため、報酬の有無に関係なく極力、ご依頼を受けるようにしているのです。

皆さんに「恩送りをしてください」とは言いません。

しかし、ちょっとだけ考えてみてほしいのです。皆さんを支えてくださった方々のこと——それに気づいたとき、きっと自ら何か行動を起こしたい、そんな思いが湧き出てくるのではないでしょうか。

あなたの会社には「夢×成長」のステージがありますか?

弊社に関わってくれた社員全員に幸せになってもらいたい。

そのために、会社としての夢はもちろん、個人個人の夢を実現させてあげたい。

それが私の切なる願いです。

しかし当然ながら社員一人ひとりは違う人間であり、夢も、考え方も、置かれている環境もそれぞれ異なります。ですから、会社の制度ひとつとっても四角四面に守るのではなく、一人ひとりの気持ちや希望に寄り添った柔軟な運用をしていきたいと考えているのです。

たとえば、新卒採用者は内定後に国家試験不合格となってしまう方も若干数います。このような場合、同業他社の多くは内定を保留し、来年の試験で合格したら採用するというフローを選択するのが一般的です。

しかし弊社では、もちろん本人の意思にもよりますが、たとえ試験に落ちてしまった方であっても内定通り入社していただきます。

無資格で入社した後は時短勤務で働いていただき勉強時間を確保した上で翌年の試験に臨んでもらう体制をとっています。それだけではありません。試験に向けた勉強のサポートなども行って、合格を後押ししています。

「なぜそこまで手厚くサポートするの？」「やりすぎでは？」と思われる方もいらっしゃるかもしれません。

ですが、一度は落ちてしまったものの「試験に受かりたい！」と熱意を持って前向きに頑張ろうとしている人は、夢に向かって行動する、「意欲のある人」です。そういう人と私はぜひ一緒に働きたいですし、何とか夢をつかんでほしい。ですから、会社としてできる限り協力する体制を取っているのです。

実はこうした社員の夢をサポートする取り組みは、新卒社員に限ったことではありません。

ある社員から「鍼灸の資格を取りたい」と希望があったときは、夜間の専門学校へ通えるよう夕方5時に退勤できるよう時短勤務の取得を認めました。

また「スポーツトレーナーになりたい」という社員が多かったので、会社負担でプロのスポーツトレーナーによる講習を年間単位で実施するようになりました。講師はプロの中でも、日本人で唯一スペインサッカー1部リーグ（ラ・リーガ）でのトレーナー経験を持つ一流の方です。

素晴らしい指導に刺激を受け、高校サッカーのチームにトレーナーとして帯同するボランティアを始めた社員もいます。ボランティアですので企業としても儲かりませんし、ボランティアに参加している間は施術現場の人員が減ってしまうためむしろ赤字なのですが、社員の「チャレンジしたい！」という願いを叶えてあげたい一心でサポートを続けています。

もしこの取り組みが軌道に乗れば、たとえば柔道整復師とスポーツトレーナーの技術を合わせ持った人材を活用したビジネスなど、新しいビジネスにつながる可能性もあります。そうなれば社員は夢を叶えながら、もっと自分の希望に沿った形で働くことできるでしょう。

何事もマイナス面だけでなく、プラス面にも目を向けて長い目で取り組んでいきたいと思っています。

もうひとつ、他社ではあまり見ない取り組みとして、週に1回、連携している整形外科医院で

くまのみ 整骨院・鍼灸院 グループ

TOP | ビジョン・理念 | 仕事紹介 | 実績 | 先輩社員の声 | 教育・研修 文化・福利厚生 | 採用情報

VISION

社員の夢を叶えられる会社であり続ける

整骨・鍼灸×美容の技術で躍進する当社代表のメッセージです。

株式会社くまのみ
代表取締役
池田 秀一

あなたが実現したい夢が叶えられるよう、様々なステージを用意しています

私たち株式会社くまのみは、美と健康の両方をサポートする会社です。

整骨院のサービスでは「予防」という価値観を大切にし、お客様ひとり一人にカルテを作成し、それぞれの症状を理解して施術しています。

また、エステ事業では「美」に関するサポートをしています。エステは男性にとってハードルが高い印象ですが、整骨院とエステを併設し、整骨院のスタッフがエステサロンを紹介することで男性がエステに行くハードルを下げる取り組みを行なっています。

このように、健康とその先にある美の追求まで、ワンストップでサポートを行うことができる。これが“くまのみだからできる”ことです。

そして、これらの取り組みを実現しているのが、社員たちです。日々技術を磨くのはもちろんですが、人として魅力のある人財になるよう、教育や福利厚生など会社として様々なバックアップをしています。

くまのみでは「接客が好きな方」「仲間を大切にできる方」「施術が好きな方」「何にでもチャレンジする方」と一緒に成長したいと思っています。

そして、あなたが会社を通して実現したい夢が叶えられるよう、様々なステージを用意しています。

「くまのみ」ならできる。「くまのみ」だからできる－。

ぜひ私たちと共に、くまのみの未来を創造していきましょう。

社員の夢に寄り添い、実現のサポートへ

働ける制度を導入しています。

社員は柔道整復師になるために、骨折、脱臼、打撲、捻挫、挫傷といった怪我に関する多くの勉強をしてきています。

ところが一般的な整骨院では、そうした大きな怪我を患った人が来院することはまずありません。せっかく学んできたことが無駄になってしまうのは、非常にもったいないことです。そこで希望者には、さまざまな怪我の対処を経験できる整形外科に勤務してもらい、知識や技術のアップデートを図れる環境を整えました。

そもそもこの取り組みが始まったのは、その整形外科医院で柔道整復師の欠員が出た際に、弊社へ人材派遣の依頼をいただいたことがきっかけで、今では弊社オリジナルの制度として、多くの社員が活用してくれています。

社員の夢に寄り添い、実現のサポートをする。

言葉にするのは簡単ですが、企業としては負担も決して少なくはありません。やりくりが大変な面もあります。しかし、手を差し伸べた一人ひとりは面白いように成長していきます。もともと自身でも前に進む力を十分持っている人たちですから、私たちが少し背中を押すだけでグンと伸びていくのです。

そのような姿を見るにつけ、やはり「応援してあげたい」「どんどん成長してほしい」という親心にも似た、想いが募ってしまうのです。さらに言えば成長した姿を見せてもらえるのは、経営者として幸せなことでもあります。

社員や会社の夢を叶えようと努力することで、社員や会社は無限に成長していきます。そしてそれは決して「弊社だからできた」ことではありません。

ぜひ「夢を持つ社員であふれる」会社に変わっていくために、できることから行動していただければと思います。

第5章

社員が「幸せ」でなければ、お客様を「幸せ」にできない！

CHAPTER 5

「お客様第一主義」を掲げる会社の末路

「お客様を大事にしましょう」「弊社はお客様第一主義」といった経営理念や、社是を掲げている会社さんも多くいらっしゃることと思います。私自身、その言葉にまったく異論はありません。お客様がいらっしゃるからこそ会社は成り立っていますし、夢に向かって前進することもまたできるのですから。

ただし忘れてはいけないことがあります。それは、その大事なお客様と実際に日々相対し、サービスを提供しているのは経営者ではなく、あくまでも現場で働く社員だということです。

「お客様第一」を掲げながら、社員が毎日激務に追われ疲弊しているような会社では、残念ながらその目標は達成できないでしょう。社員の心や身体に余裕がなければ、お客様のことを親身になって考え行動することは難しいからです。

では、どうすれば社員みずからがお客様を大事にすることができるのでしょうか。

それは「働く社員の満足度を上げること」です。

職場でどんな不満やストレスを抱えているのか、どんなことにやりがいを感じているのか、どんな夢を持っているのか……そうしたことに目や耳を傾けながら、みんながイキイキと働ける環境を整える。「まず社員から幸せにする」ことが、結果的にお客様を幸せにするための近道となるのです。弊社でも、個々の面談や朝礼を通じて、個人の夢や思いを汲み取り、会社の夢を再認識していただく時間を設け社員満足度をアップするための努力をしています。

しかし、満足度向上の中でやり方を間違えるとまったく違う方向にいってしまうことがあります。

ある会社では、社員満足度向上の一環で、定期的に社内アンケートを実施していました。社員の声を反映する、という目的だったのでしょう。しかし、集まってきたのは「先輩にパワハラを受けた」「あの人からセクハラされた」「上司が理不尽な要求を毎日してくる」といった声ばかり。しかも、「これは大変」と、声を挙げてきた社員の話を鵜呑みにし、該当の相手に対して一方的に厳重注意や懲戒処分を行ってしまったのです。それが常態化してしまったのでしょう。気づけば有能な人材は去ってしまい、不平不満の声が大きい人材だけが残ってしまう事態に陥りました。それにより、職場は誰かしらが常にいがみ合い、足の引っ張り合いで、業績よりも保身が最優先の会社に堕ちていったのです。後悔しても後の祭り。実は、社員の声を聞きすぎるのには、このようなリスクもはらんでいるのです。

不平不満が1個も挙がらない会社なんて存在しません。職場や上司、後輩、同僚が、自分の期待に100％沿っていることなんてまずあり得ないのですから。もちろん、普段から社員の話を聞くことは大事なことです。しかし、それが本当に真実なのか、何が要因となって不満が噴出しているのかといったことの検証、また不満を言っている本人の人間性を見極めなければ「会社にとって正しいこと」は見えてこないのです。

弊社の場合、会社に対して自分の期待にマッチしていない部分、求めていることに比べて不足していると思う部分は、ただ不満に思うのではなく、解決策を考えたり新ルールを策定したりするなど「自分たちでより良い会社をつくっていこう」という文化を根付かせています。

もちろん、ハラスメント系の問題が発生した場合は会社が介入し、より慎重な対応が必要ですが、日常業務においての不平や不満に関しては、一方的に誰かのせいにするのではなく、「自分の行動や考えにも足りない部分があるのかもしれない」と自分の事として考える。そうした発想を社員一人ひとりに持ってもらっています。

そのような文化があることで、職場でのネガティブな出来事があっても、社員はそこで考えを止めずに「自分たちでどうやって解決していくか」とポジティブに考えているようです。結果的に、弊社はこの方法で社員満足度が上がり、そのうえで「お客様を大事にしよう」という考えに至っています。

皆さんの会社は社員の犠牲の上に成立した「お客様第一主義」になっていませんか？　本当の

社員満足は、どうすれば達成すればできるのか？　ぜひこの機会に考えていただけたら幸いです。

成長する挑戦企業になりたいなら「社員の幸せ」を最優先に考えなさい

「まず社員から幸せにする」ことは、お客様の幸せにつながり、ひいては企業の成長にもつながるとお伝えしました。しかし、「社員の幸せ」を本当に実現したいなら、ときに厳しい目線も必要です。

先日、弊社の若手社員の研修に参加したときのことです。これは若手社員全員で行うものなのですが、ある作業を目標時間内に取り組むというワークがありました。試しに練習を行ったところ、どのチームも2分半ほどで完了していたのです。

しかし、いざ本番というとき「目標を何分に設定しますか？」と聞くと、なんと「5分でお願いします」と返ってきました。「練習が2分半なら、それよりもっと短い目標時間を設定してくるだろう」と想像していた私は正直とても驚いてしまいました。短いどころか、想像の倍の長さだったのですから。

おそらく、「1分や2分に設定しよう」と考えた人もいるはずです。しかし「みんなの空気を読んで「5分」という安全圏な結論に至ったのでしょう。一見、多数決にも見えますが、意見を

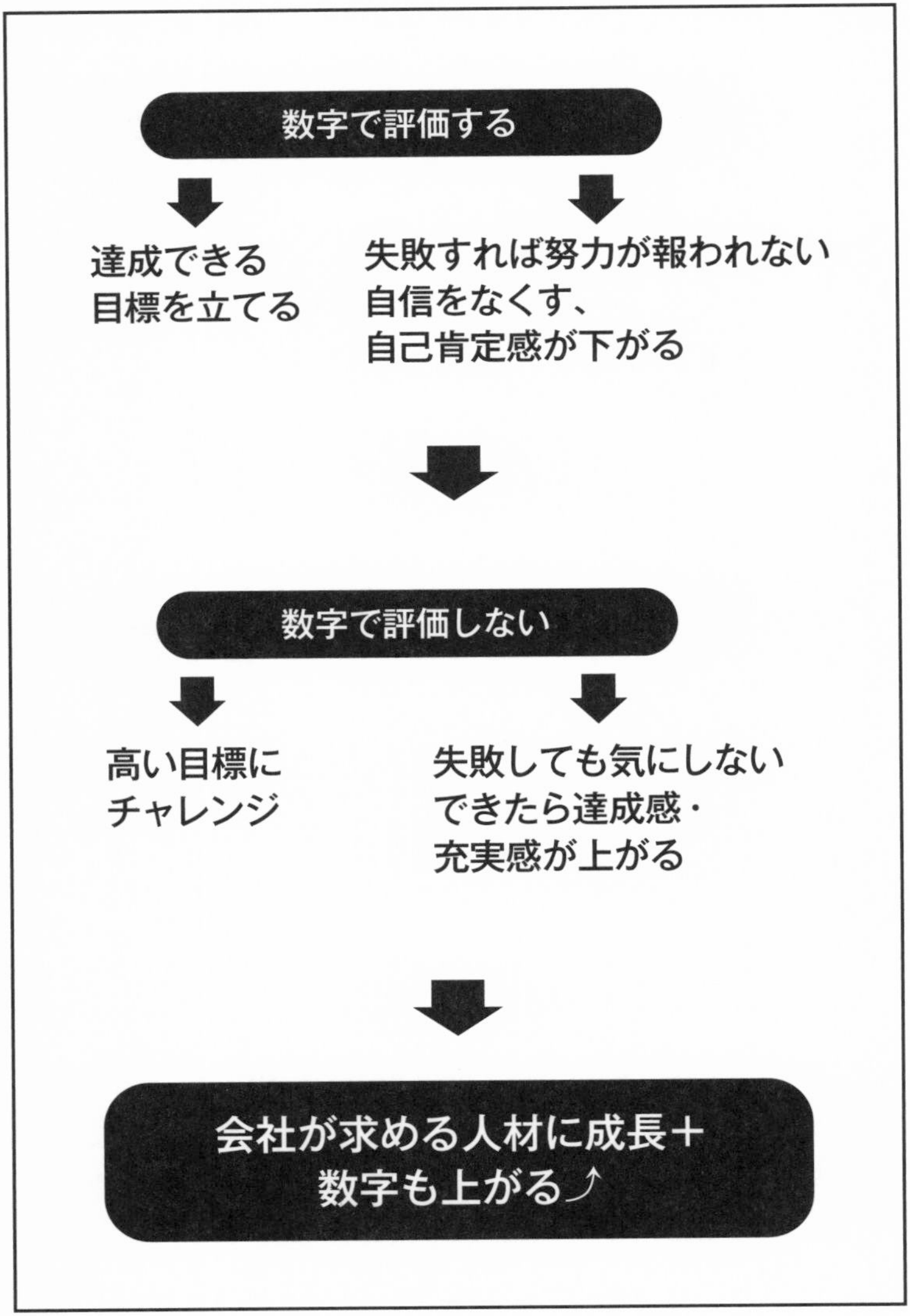
数字で評価する
達成できる
目標を立てる
失敗すれば努力が報われない
自信をなくす、
自己肯定感が下がる
数字で評価しない
高い目標に
チャレンジ
失敗しても気にしない
できたら達成感・
充実感が上がる
会社が求める人材に成長＋
数字も上がる⤴

出せる人にその他大勢は従いがちです。若い世代、いわゆるZ世代の特徴かもしれません。安定志向を好む傾向が現れたのかなと感じました。

今の若年層たちが育った90年代以降のほとんどは不況の時代でした。不況下の社会で教育を受けたことで、失敗を避ける保守的な一面が見られます、チャレンジするよりもリスクの回避を優先する傾向があるということです。

失敗するかもしれない「2分半より短い時間」よりも、確実に成功できる「5分」を目標に設定したことは、まさにその表れではないかと私は感じました。

彼らがそのように育ってきた背景には、大変な時代を生き抜いてきた親御さんの思いもおそらくあるのでしょう。私たちのときとは異なる考え方、いわゆるジェネレーションギャップを否定するつもりは、もちろんありません。とはいえ、企業としては業績を上げなくては存続できません。「練習は2分半でできましたが、目標時間は5分にします」は、会社が「昨年は10億円の売上でしたが、今年の売上目標は5億円です」と言っているのと同じです。これではさすがに組織としてあり得ません。

では、どうするか。一にも二にも、失敗を恐れず挑戦する心を育みながら、小さくても成功体験をたくさん積み重ねてもらうことが大切だと思っています。

そもそも彼らが、達成可能な目標を立ててしまうのは、「失敗して自信を失いたくない」「達成して幸せを感じたい、自己肯定感を下げたくない」という潜在意識があるからです。

そのためにまず変えるべきなのは、「数字だけを見て評価するのをやめる」ということです。売上や利益といった数字は、たとえ本人が一生懸命やっても達成が担保されているわけではなく、ときに努力が報われないこともあります。

一方で、努力せず適当にやったのに達成してしまうこともある。つまり、数字だけでは必ずしもその社員を評価することはできないのです。数字のみならず結果を出すまでのプロセス、そして本人の行動や努力までしっかり見た上で評価することがとても大切なのです。


前述の若手社員の研修の話ですが、そうした背景から弊社では「目標時間は、練習で達成した時間より短く設定する」「もし達成できなくても決して否定はしない」ことをルール化しました。そして達成できなかった場合は、チームで話し合い、解決策を出すことまでを明確に決めたのです。すると最初はおっかなびっくりだった社員も、「自分にもできた！」という達成感や充実感があり、少々の失敗は気にしなくなりました。それどころかどんどん高い目標にチャレンジできるようになったのです。

会社は社員を優秀に育てるというよりも、社員の幸せを考えたシチュエーションを用意する。それにより、社員自らがチャレンジ精神や自信を持てるようになり、会社が求める人材へと成長していきます。つまり、社員とともに会社の成長曲線も急角度で上がっていくのです。

あなたの会社では本当の「利他の精神」を教えていますか？

利他とは「自分よりも他者の利益を優先すること」ですが、私は「自分の幸せだけではなく、他者の幸せも考えること」が本当の意味での「利他の精神」であると考えています。

なぜなら、前述したように他者（お客様）を幸せにするためには、まず自分（社員や会社）が幸せでいる必要があるからです。

しかし、「利他は、自己犠牲のもとに成り立つ」と考えている企業も少なくありません。

今一度、普段の業務を振り返ってみてほしいのです。「お客様のために」「会社のために」「みんなのために」と社員に伝えることで、利他の精神を教えた気になっていないでしょうか。

自己犠牲を美化することで利他の精神を強要し、社員の疲弊や心労を招いているのではないでしょうか。

私に言わせれば、これらは〝エセ「利他の精神」〟です。

特に、前述した「お客様第一主義」を掲げる会社では、こうした〝エセ「利他の精神」〟によって自己否定の奉仕に陥りがちです。もし自社でそのような兆候を感じたら、早めの軌道修正が必要です。

社員に本当の「利他の精神」を持って働いて欲しいと願うのであれば、繰り返しになりますが、社員それぞれの幸せや利益を追求することが最優先なのです。

適度な労働、適正な評価と報酬、働きやすい風通しの良い職場……社員が心身ともに健康でいられて、叶えたい夢に向かってまい進できる環境づくりを、会社が率先して促進することで社員は日々幸せを感じながら働くことができます。

そうした身にも心にも余裕のある状態があってこそ、本当の意味での「利他の精神」を理解でき、お客様のために最高のサービスを提供できるわけです。さらに、お客様だけでなく会社に対する貢献意欲も自然と高まっていくのです。

また少し離れていると感じるかもしれませんが、実は「商品やサービスを適度な価格設定にすること」も、本当の「利他の精神」実現には欠かせません。

2023年の消費者物価指数（家庭で消費する商品やサービスの値動きを表す指数）は、2022年より3％以上も上昇しました。

しかし物価は上がっても、原材料費の高騰や人材不足などがある中で、本質的に企業の利益拡大にはつながってはいません。

そうなれば当然、企業としては提供する商品やサービスの値上がりを検討します。しかし、激しい価格競争においては、1円でも安いことは大きな武器になります。

そして、多くの企業がたどり着いてしまうのが、「安いことはいいことだ」という考え方です。「価格が安ければ競争には勝てるし、お客様だって喜ぶじゃないか！」が大義名分だと思うのですが、これもある意味、間違った利他の精神と言えます。

なぜなら、そうして価格を安くすればその負担は、給与や賞与の減額といった形で社員にのしかかるからです。安くして多くのお客様にご来店いただいても、労働に見合った給与がもらえない社員は疲弊するばかり。幸福とは程遠くなるでしょう。とても利他の心など持つことはできません。

当然、質の良いサービスを提供することは難しくなり、結局、価格相応の「安かろう悪かろう」のサービスになってしまいます。つまり、お客様も幸福どころか不幸になってしまうのです。

経済情勢の変化は今後も避けられません。だからこそ変化を受け入れて、企業として適正な価格を設定するのです。

そうすれば社員は、価格に見合うサービスをお客様に提供して相応の給与を受け取れますし、お客様の期待を裏切ることもありません。つまり、社員もお客様も満足できる構図がつくれるのです。経済情勢をそのまま価格や社員の給与に反映していては、そのどちらも実現することはできないでしょう。

あらためて考えれば「社員もお客様も幸せにする」というスタンスは、企業として当たり前の姿。それがさらに、会社の幸せにもつながります。ぜひ皆さんの会社でも、本当の〝利他の精神〟の浸透に取り組んでいただければと思います。

「熱意＋能力」だけじゃ半人前。まず「人としてのあり方」を学べ

「3人のレンガ職人」というお話を知っていますか？

私たち人間が持つ仕事観は、大きく分けて3つあります。そして、その仕事観次第で、私たちの人生は「180度変わる」ことを教えてくれるユニークな物語です。


ある旅人が、3人のレンガ職人に出会いました。

「ここで、あなたは、何をしているのですか？」

と、旅人が聞いたところ、〝三者三様の答え〟が返ってきました。

1人目のレンガ職人は、こう答えました。

「親方に言われたから、レンガを積んでいるんだよ」

2人目のレンガ職人は、こう答えました。

「生活費を稼ぐために、レンガを積んでいるんだよ」

3人目のレンガ職人は、こう答えました。

「後世に残る大聖堂をつくっているんだ。完成すれば、多くの人を幸せにできる。だから、レンガを積んでいるんだよ」

三者の回答を見比べてみて、あなたはどう感じましたか？　少なくとも「働くことへの目的意識」がまったく異なることがわかります。

1人目にとって「レンガ積み」は、ただの作業です。本当は家で寝ていたいけれど、頼まれたから、しょうがなく仕事をする。そんな意識が、垣間見えます。

2人目のレンガ職人にとって、仕事の目的は「お金」です。生活費さえ稼げれば、どんな仕事だって構わないと考えているかもしれません。

一方、3人目のレンガ職人は、前者2人と、まったく異なります。仕事というものを、「他者を幸せにするための手段」だととらえているのです。いわゆる〝隣人愛〟ですね。自分の周りの人を大切にする心持ちのことです。3人目のレンガ職人には、「町中の困っている人たちを幸せにしたい」という明確な〝志〟がありました。その志を達成するために行うのが「レンガ積み」という仕事だったのです。

一般的に、仕事においては「能力」や「熱意」が大事だといわれています。たしかに、どちらも大事です。しかし「それだけでは足りない」というのが、私の考えです。どうやったら、困っている人を笑顔にできるだろうか？　自分の働きで、周りの人を「幸せ」にできるだろうか？　そういった問いに、真摯に向き合い、徹底的に考え抜き、行動に移すことが何よりも大切だと、私は考えています。

「はたらく」という言葉は、「傍（はた）」を「らく」にするという意味を持ちます。あなたは「利己」のために働きますか？　それとも「利他」のために働きますか？

私自身は２０１３年に「社員の幸せを叶えるために頑張ろう！」と決意しました。それから、私自身の夢も、驚くほどトントン拍子で叶いました。とても不思議ですよね。

しかし、これが「はたらく」ということの真理なのです。

私は経営者になってから特に大事にしていることがあります。自分より成功している人に積極的にお声をお掛けして、足を運んでお話を聞くということを継続してやっています。これをしていると、自分に足りないもの、必要なものが自然と見えてきます。

利己的に考えれば、そんなことをしなくても充分儲かっているし成功していると言えるのかもしれません。でも利他の心が私を後押ししてくるのです。より社員を幸せにするためにはどうすればいいか、それを基準に考えることがすでに私に染み付いているからこそ、経営者行脚が続いているのだと思います。

上司の言葉が響かないなら「外部講師」の力も借りなさい

ここまでお読みいただいた皆さんはすでに理解されていると思いますが、夢育マネジメントにおいては社員を頭ごなしに怒ったり叱ったりすることはありません。

これは、社員各々が気持ち良く自分の夢や会社の夢に向かって進んでいけるよう、人間関係を重視した職場環境を整えているからです。

しかし、場合によってはそうした体制が、自己評価が甘くなりすぎる、上司と部下がなあなあな関係性になるといった、会社を〝ぬるい組織〟へと弱体させることもあります。

「夢育マネジメント」を受ける社員として最も大事なことは、どれだけ自分を律し、夢に向かって成長できるかどうか。しかしどんな人間でも、自分には多かれ少なかれ甘くなってしまうものです。

さらにコミュニケーションが深まることで上司と部下がまるで友達のようにフランクな関係性になってしまうと、「ここはしっかり教え込みたい」「当社の社員として、この考えは修正しなければならない」といった、「ここぞ」というときの上司の指導が部下に響きにくくなってしまう弊害もあります。

「目標達成できなくても、怒られないからいいや」

「上司の言うことなんて、聞き流しておけばいい」

そんなゆるい社員ばかりになってしまったら、夢育マネジメントで期待できる効果が出ないばかりか、企業の存続も危うくなります。これでは誰も幸せにはなれないのです。

いわば「夢育マネジメントの弊害」ともいうべき事態を防ぐために、弊社では一般社員研修や幹部候補研修といった研修の場では外部講師を呼ぶようにしています。

業務とは関係のないいわば〝第三者〟である外部講師は、社員に対して正しいこと、間違っていることを何の忖度もなくストレートに伝えられる存在です。

しかも社員にとっては、あくまでも一時的な付き合いとなる人間にすぎません。ですから、たとえ歯に衣着せぬ物言いをされても、トラブルになったり、人間関係が壊れて大変になったりすることもないのです。

また講師にお呼びするのは、社会でしっかりとキャリアを積んできた、素晴らしい肩書きを持った方ばかりなので、社員も講師に対してリスペクトを感じています。そのため講師の言葉が、余計にすんなりと心に届くのではないでしょうか。

講師によっては、社員に気を使ってふんわり優しく指摘される方もいらっしゃいますが、私はあえて「指摘や指導が必要なときは、厳しく伝えてください」とお願いしています。

社内では不足しがちな「ビシッと言う」ことは、外部講師の力を借りて補っているのです。

どんなに優れた組織であっても、毎日顔を突き合わせている相手とばかり話していれば関係性はだんだんとゆるくなっていくと思います。そんなときは、ぜひ社内に外部講師という新たな風を吹かして、刺激を与えてみてください。きっと社員も背筋をシャンと正して話を聞くようになり、ゆるみを引き締めて本来の路線に軌道修正できるでしょう。

「ワークライフバランス」の本当の意味を理解していますか？

最近は、「ワークライフバランス」を掲げる企業が大変増えました。

皆さんは、「ワークライフバランス」をどのように捉えていますか？　一般的には、「仕事もプライベートもどちらも充実させること」をイメージされている方が多いのではないかと思いますが、私は少し違います。

こんなことを言うと「よっぽど仕事人間が好きなんだな」と呆れられるかもしれませんが、私は「まず仕事の充実を優先してこそ、ワークライフバランスは成立する」と考えているのです。

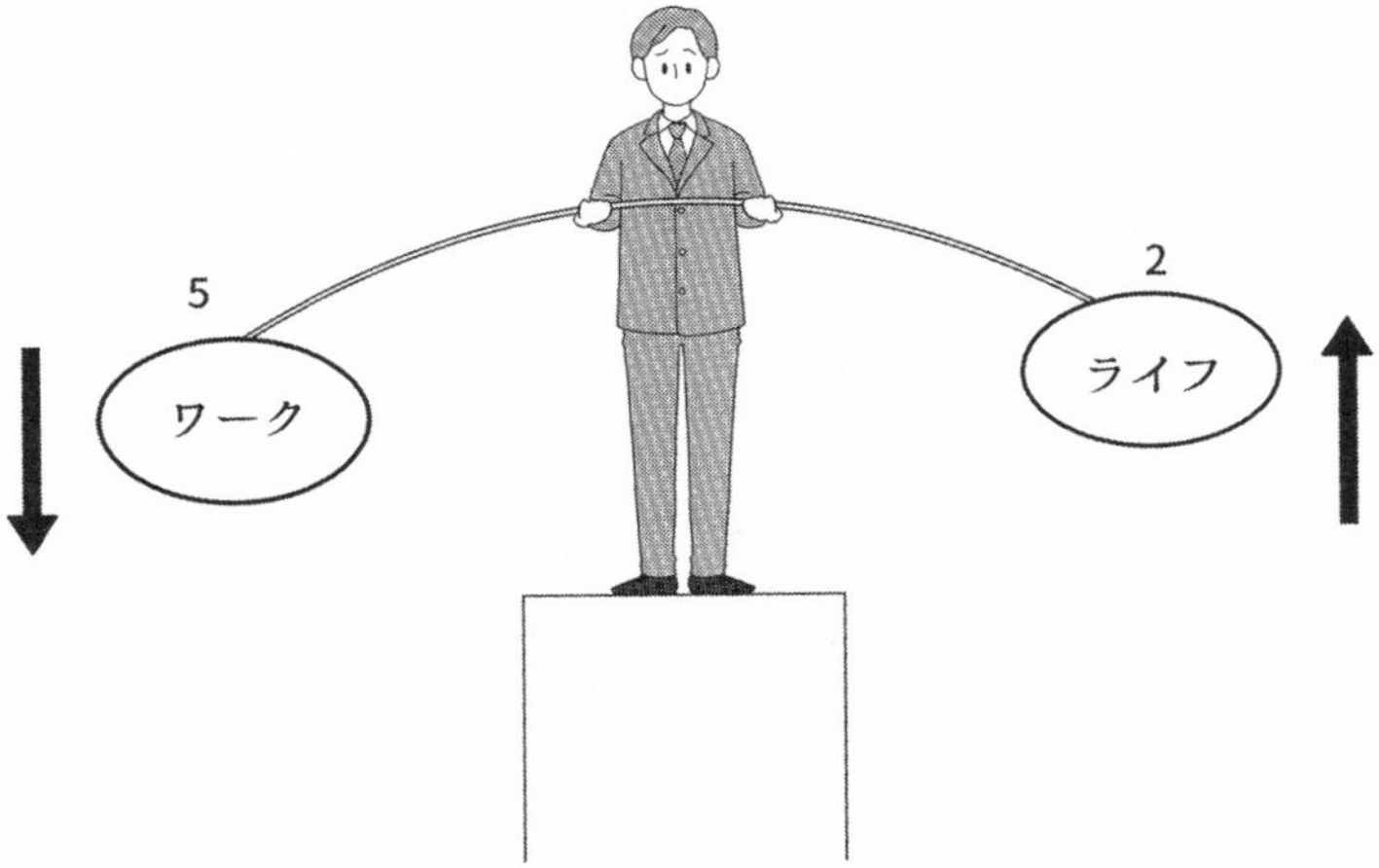

なぜならビジネスパーソンの日常は、仕事に費やす時間が圧倒的に多いからです。

たとえば、週休2日制を導入している企業は多いと思います。週7日間のうち完全な休日は2日間のみで、残りの5日間はほぼ一日中出勤して仕事をしているわけです。

1週間の7割以上を空虚な気持ち、辛い気持ちで過ごしている人が、果たして人生を充実させることができるでしょうか。おそらく難しいですよね。

もしかしたら、唯一の2日間のお休みでさえ、週明けからの仕事を考えると憂鬱になり、ゆっくり心身を休めることも、楽しく過ごすこともできていないかもしれません。個人的には、実は日本のビジネスパーソンの多くが、このような状況に陥っているのではないかとも危惧しています。

「ワークライフバランス」の「バランス」という言葉が誤解を与えている一面もあるように思います。何だか2つがやじろべえのように釣り合っている印象を持ってしまいますが、5：2と比率に差がある以上、そもそもそれは不可能なことです。

仕事に費やす比重が大きい以上、ワークライフバランスのためにはまず仕事を充実させる。すると、毎日をイキイキと前向きに過ごせるようになり、それにともなってプライベートの充実も自然と実現されていく。持論ではありますが、ご理解いただけるとうれしいです。

では具体的に「仕事の充実とは何なのか」を掘り下げると、達成感ややりがい、向上心を持ち、楽しみながら働くことだと私は思います。

よく「希望の職種に就けなかったから仕事がつまらない……」と嘆く方がいらっしゃいますが、世の中に就くだけで楽しい仕事なんてありません。どんな仕事でも、真剣に取り組めば学びや楽しさを見出せるはずですし、本人が望めば成長する機会もあるでしょう。

つまり仕事を充実させられるかどうかは、社員本人の気の持ち方も大きく影響します。目の前の仕事がたとえ希望とは違っていても、興味を持って積極的に関わるように心がけることで仕事に対する感じ方は変わってくるのです。

会社としても、社員がそのように前向きな姿勢で仕事に取り組んだり、仕事に対して充実感を持ったりできるよう、職場環境や研修制度、評価制度の整備といったことでサポートをする必要があるでしょう。

最終目標は、仕事もプライベートもどちらも楽しく充実したものにすること。ただそこにたどり着くまでの過程で、まず「仕事の充実を優先する」。ワークライフバランスを謳う企業ほど、このポイントを見逃しているケースが多々あります。皆さんの会社では、本当のライフワークバランスのために何をすべきでしょうか。

あなたは1日何回、どんな言葉で社員に感謝を伝えていますか?

社員に対して「感謝の反対語は何だと思いますか?」と質問を投げかけることがあります。なかなか即答できる社員はいないのですが、皆さんはご存じでしょうか?

諸説あるようですが、私は感謝の反対語は「当たり前」だと思っています。

昔からよく言われている「一人暮らしをすると親のありがたみがわかる」という言葉が、その意味を実感できる良い例でしょう。

実家暮らしでは、炊事、洗濯、掃除など、親がやってくれるのが当たり前。そのときは何も感じなかったものの、実家を出てそれらすべてを自分でしなければならなくなって初めて、親の苦労がわかり、感謝の気持ちが湧いてくる……誰でも共感できる人生のワンシーンだと思います。

これはまさに「感謝の反対語は当たり前」の状況ですよね。

それが当たり前だと思っているうちは、本来なら感謝すべきことにも感謝できていないのです。反対に、感謝の気持ちを抱くことができたら、もうそれが当たり前だと思うことはないでしょう。

さて、皆さんはそんな感謝の気持ちを日々の仕事の中でどれくらい感じていますか？　そして、その気持ちをどれくらい言葉にしているでしょうか。

というのも弊社では、「感謝を言葉にする」文化をとても大事にしているのです。社員には、「1日に10回は、お客様や同僚、家族、自分に関わる多くの人に対して感謝の気持ちを伝えてください」と伝えています。

言うまでもないことですが感謝の言葉をもらって嬉しくない人はいないからです。しかも感謝には、こんな法則もあります、それは、人に対して感謝の言葉をたくさん言っている人ほど、人から感謝の言葉をもらえることです。そしておそらく、当事者ではない人も感謝の言葉を耳にして気分を害する人はいないでしょう。

また「ありがとう」が飛び交う職場は、間違いなく雰囲気が良くなります。人間関係が良好となり、業務もスムーズに進行します。だからこそ弊社は、感謝を言葉にすることを重要視しているのです。

しかし、日本人は感情を表すのが苦手な人種と言われます。心では感謝していても、声に出すのはなかなかハードルが高いという方もいらっしゃるでしょう。また、感謝を伝えたくても勤務シフトの違いなどから顔を合わせる機会が少ない、といったこともあると思います。

そのため弊社では、スマートフォンのアプリを使って社員同士が「ありがとう」を言い合える環境をつくりました。さらに驚くべき事実が判明しました。なんと多くの「ありがとう」が飛び交っている店舗ほど、売上目標の達成率が高かったのです。

これは予想の域を出ませんが、おそらく良好な人間関係によりお互いスムーズに協力し合えることや、日常的に「ありがとう」を言われる環境で自信や自己肯定感が高まっていることが、良い仕事ぶりにつながっているのではないかと思っています。

もちろんアプリだけが要因ではないと思いますが、社員が幸せに働いていることは営業成績にも反映されるのだということを、あらためて認識した出来事でした。


経営者の方などは「忙しくて社員と関わる時間がなくて……」という方も少なくありません。ですが「ありがとう」を伝えるだけなら、どんなに忙しくてもできます。

特にトップ層からの感謝の言葉は、社員にとって励みになります。「ちゃんと見てくれているんだ」「これまでの頑張りを認めてもらえた」と感じれば、感謝の言葉がエネルギーとなり、働く意欲がさらにみなぎってくることでしょう。そんな社員を見て、トップもまたうれしくなるはずです。

感謝の言葉は受け取った方も、発した方も幸せになれます。「ありがとう」を言わない理由はないと思いませんか。

後輩に恩送りを続けるたったひとつの理由

前章でも触れましたが、私は恩返しでなく「恩送り」を大事にしています。

ただ恩を返すだけでは、感謝や関係性の輪がそこで閉じてしまいます。そこで、自分より下の世代に向かって恩送りをすることで輪に広がりをつくり、末長くつないでいきたいと考えているのです。

恩送りの重要性は、新入社員に必ず伝えています。新入社員は、先輩や上司から多くのお世話を受けます。それにすべて恩返しをすることはできません。さらにその間にも多くの方の世話になるはずで……そうやって考えていくと、いったいどれくらいの人に恩返しすればいいのか際限がなくなってしまいます。

ですが、自分たちが周りからしてもらったことを、翌年、入社してきた後輩たちにしてあげるのならそれほど大変なことではないでしょう。自分たちも1年仕事をしてきて新人時代よりは余裕も出てきているはずです。自分が受けた恩をそのまま返すのではなく、下の世代へ順繰りに送っていく。そんな恩送りの文化は、これからもずっとつないでいきたいと思っています。

とはいえ私自身も、開業時は整骨院を経営する方々、ビジネスで成功している方々に会いにいって、いろいろなアドバイスを受けたものです。それが今の自分の糧になっているのは間違いありません。これからも、受けたご恩はできる限り返しにいきたいと思っています。また同時に、恩送りとしてこれから整骨院やエステサロンの経営を始めようとしている方々には、私が先人から受け取ったアドバイスや知識、技術を受け継いでいきたいと思っています。

最近はありがたいことに、若い経営者の方や規模の小さな店舗を経営している方から相談を受けることも増えてきました。「ノウハウを他社に流出させるなんて、経営者としてありえない」と思う方もいらっしゃるかもしれませんが、それは違います。知識や技術、経験値は積極的に共有する方が、結果として業界全体、そして社会全体に幸福が広がり、自分にとっても良いことばかりなのです。これも一つひとつを恩送りだと思って、極力さまざまなことをお話しさせていただくようにしています。

考えてみれば、生命の営みとはすなわち、ＤＮＡの継承です。知識や技術を下の世代に送っていくことは、人間の記憶の継承にほかなりません。生命が次世代にバトンを渡すのと同じように「恩送り」とは本能に根ざした行為なのかもしれません。だからなのか、恩送りという行為は、受ける側だけでなく、送る側にとっても実は楽しかったり嬉しかったり、幸せを感じられるものです。

皆さんも、恩送りで社内に、社外に、そして社会全体に幸せの輪を広げていきませんか。きっと、それこそが皆さんの使命のひとつになるはずです。

第6章

「社員、お客様、会社」三方の幸せをつくるために

CHAPTER 6

最初は身内しか来てくれなくて赤字だった 苦しいときほど前進あるのみ！

弊社は今でこそ整骨院とエステサロン、合わせて33店舗を構える株式会社になりましたが、2011年に最初の店舗を立ち上げたときは、今からは想像できないほど悲惨な営業状況でした。お客様もまばらで、ポスティングに1日を費やしたこともありました。また、状況を心配した家族や親戚、知人たちが来てくれてやっとその日の売り上げが立った、ということもありました。

もちろん、店舗を構えたからといって、急にお客様が押し寄せることはないことはわかっていましたし、多くの経営者が通る道だ、とも理解していました。

しかし「そのうちお客様が来てくれるだろう」と楽観視している余裕はありませんでした。利益の出ないこの状況を放置しておくわけにはいかないと、ポスティングはもちろん、飛び込み営業をしたこともありました。

「整骨院が飛び込み営業？」と思うかもしれませんが、これが意外と効果的だったのです。一般企業やガソリンスタンド、老人ホームなどをまわり「整骨院の院長をしています」と挨拶し、ご理解くださった場所にはチラシを置いていただくなど、地道な宣伝活動を続けました。

そうした活動が実を結び、チラシを見た方々が一人、また一人といらしてくださるようになりました。さらに誠心誠意を込めた施術が評価いただけたのか、「良かったとお勧めされて」とお客様がご友人などを紹介くださることも増え、業績は徐々に上向いていったのです。

おかげさまで、開業から半年で黒字に転換。

赤字期間はそこまで長くなかったとはいえ、正直とても苦しいものでした。通常の業務に宣伝のための営業活動、それに加えて集客や経営についての勉強、さらに施術の幅を広げようと鍼灸の学校にも通っていたからです。そのような中でも何とか黒字化できたのは、第4章でお伝えした「行動力」の賜物だと考えています。

ただ私にとって黒字化は、通過点に過ぎませんでした。

安定的な経営にはさらなる業績アップが必要でしたし、それを達成するには人材確保が必要だと理解していたからです。

そこで黒字化から数ヶ月後には、母校の専門学校から紹介いただいた新卒社員を迎えました。受付の方を含めた3人体制にしたのです。おかげさまで1人施術者が増えたことでぐっとお客様も増えました。「次の半年間の目標は、安定した利益を出し続けることにしよう」そう心に決め、私はがむしゃらに働きました。

しかし……実は、当時は従業員の給料を支払えば私の報酬はなくなってしまうような経営状況でした。

ただ幸いなことに助成金が半年間適用されたこと、さらに施術者が2人になったおかげで営業時間を延長できたこともあり、私の手元に残るお金が確保できるようになったのです。

「なんて綱渡りな経営なんだ！」そう思われる方もいらっしゃるでしょう。

たしかに、経営者の中には、集客や雇用のことなど万全に準備をしてから事業を始める方も多いと思います。

しかし、たとえ完璧な準備ができなくても「これは今やった方いい」と思えばどんどん行動する方が「今やらなくてはいけないこと」が頭でなく体でわかるような気がしました。行動してから「これはダメだな」という部分は修正していけばいいだけです。

苦しい状況のときほど悲観したり、立ち止まったりせずに前進すること。それがくまのみ流の成功法則なのです。

ドラッグストアの店長(36)が、なけなしの資金で「1人治療院」をスタート

前項の話からもう少し時を戻し、くまのみ整骨院を開業するタイミングについても説明いたしましょう。

私は元々、普通のサラリーマンとして社会人生活をスタートしました。ガス会社の営業を経て、ドラッグストアに10年勤務。そこで昇格を重ねて店長になりましたが、それでも年収は４００万円ちょいでした。

仕事自体は好きでしたが、将来には希望を感じられませんでした。

「手に職をつけ、事業を立ち上げてしっかり儲かる仕事をしよう」。そう考えてドラッグストアの職を辞し、夜間の専門学校に通って整骨院の開業を目指しました。

働かないで学校に通えるほどゆとりはありません。そのため昼間はアルバイトをしながら3年間通学し、柔道整復師の資格を取得。

その後、鍼灸の専門学校に通いつつ、恩師が経営する整骨院で働かせてもらうことになりました。そこは院長１人で経営している整骨院でした。

給料は月に8万円ほどで年収は１００万円弱。その中から学校の授業料も支払わなければなりません。とても生活などできず、「一刻も早く独立したい」という気持ちが強くなりました。

整骨院で働くようになって数か月経ったある日、私はひとつの物件にめぐり逢います。

不動産会社によれば、それなりに繁盛している整骨院の経営者が地方に引っ越すため、今の店舗を引き継いでくれる人を探しているというのです。

そんな驚くほどの〝おいしい〟物件ですから、当然私のほかにも数人が手を挙げていました。

まだ技術も経験も未熟な自分には難しいかもしれないと不安でしたが、ありがたいことに私の熱意とプレゼンを気に入っていただき、引き継ぐことになったのです。

お話をいただいたのが10月で、事業承継は12月とのこと。早速、整骨院へ退職を願い出たのですが、院長から「急に辞められるのは困る」と言われてしまいました。たしかに、4月から働き始めてまだ半年ほどのタイミングでしたし、突然独立すると言われて院長が困惑するのは無理もないことです。

それでも、法令上の労働者の権利に従えば、2週間後に辞めるという選択はできたはずでした。「そんなことをしたら、今までの恩を一瞬で水に流してしまうようなものなのでは……」もう1人の私がそう私にささやきました。

辞めるか、恩に報いて働き続けるか。私は悩みました。

そんなときこれまでの経緯を振り返ってみたのです。

会社員経験しかない、知識も技術もおぼつかない私を見込んで雇ってくれた恩師のおかげで、私は整骨院の実践的な経験値を積むことができた。それなら、「これまでお世話になった感謝と礼儀を尽くして、気持ち良く次のステージへ昇っていきたい」私はそう考え、新しい整骨院の開店を4月に延期し、院長の希望に沿って3月まで勤務を続けることを決めました。

もちろん給料は月8万円のままで、さらに引き継いだお店の家賃も追加で支払いました。今思い出すだけでも辛い選択の日々でしたが、あのときの判断は今でも間違っていなかったと思っています。

「自分だけ良ければいい」ではなく「みんなが幸せになるように」。その信念にそむくようなことはしたくなかったからです。

忙しく毎日を過ごしている様子が院長にも伝わったのでしょう。「開業準備もあるだろうから、もう辞めてもいいよ」と配慮くださり、3月上旬には送り出してくれたのです。

そしていよいよ独立開業の準備が始まったわけですが、残念ながら開店前も順風満帆とはいきませんでした。

まず新店オープンが当初予定していた12月から4月にずれたことで、前の整骨院に来てくださっていたお客様はみんな他店へ流れてしまいました。

さらに私は、この段階で専門学校の2年生でした。柔道整復師の資格は取得していたものの、鍼灸はまだまだ勉強中の身。スキルはあるものの「経験」が足りなかったのです。

さらに追い打ちをかけるような出来事が起こります。

開業準備真っ只中の2011年3月11日は、東日本大震災が起きた日です。埼玉県内に直接的な被害はそれほどありませんでしたが、それでも計画停電や物資の流通が滞るなど、少なからず影響がありました。

しかし、どんな混乱があっても時は待ってくれません。オープン日はすぐそこまで迫っていました。チラシなど販売促進用のツールは完成していましたから、日程を変えるわけにもいきません。

私は「よし、行くぞ！」と気合いを入れて、前に進む決意を新たにしました。そうして2011年4月3日、くまのみ整骨院の1号店は予定通りオープンしたのです。

振り返ってみると、ほとんど行動力だけで来たようなものです。だけど私は、あのときの体験が今の経営の「原動力」になっていると感じています。

1店舗の「小さな整骨院」が「埼玉随一のグループ企業」へと急成長

その後は前述の通り、思うようにお客様が来ない苦しい状況の中で、無我夢中で必死に走り続けました。

半年で1号店が軌道に乗り、従業員を増員したあとは間髪入れずに2号店を出店。専門学校を卒業する前のことでした。学生の身分で経営者になり、2号店まで出したのはなかなか珍しいケースではないかと思います。

初めて開いた店舗が黒字となり、新しい従業員を迎え、2号店を出店。そんな状況なら「ここまでよく頑張った！」と少し気が緩んでしまう経営者の方もいらっしゃるかもしれません。

しかし、私は気が緩むどころか「まだまだ！もっとやらねば！売上は増やせる！利益も！」という焦りのような気持ちでいっぱいでした。

年収400万円に絶望して歩き始め、一時は年収100万円まで下がったこともある私ですから、少々調子が良くても安心できなかったのです。

2号店に続いて出店した3号店はエステサロンでした。業態を変えることに抵抗がなかった、といえばうそになります。しかし、全国の整骨院の集まりに参加してから、その考えは一変しました。

地方の整骨院がエステサロンを開いて大成功しているという話を聞きつけ、実際に知り合いの方のサロンの様子も見学させていただいたところ、大繁盛していたのです。

「これからは間違いなく美容の需要が増える」と確信。出店を決意したのです。

そんな風にコツコツと歩みを進めた結果、くまのみ整骨院は、埼玉随一のグループ企業にまで成長することができました。

たったひとつの小さな整骨院から始め、エステサロンの運営にまで手を広げることができたのは、ひとえに行動力の賜物だと認識しておりますが、もうひとつ大事なことがあります。

それは、早い段階で「店舗の仕事を現場の社員に任せたこと」です。2店舗目を経営したころから、現場はスタッフに任せ、自分は経営と社員のフォローにまわりました。

といっても当時は、あまり深く考えて行ったことではありません。グループが拡大していく中、経営や店舗展開が片手間でできる規模ではなくなってきてしまい、私が現場の施術から離れざるを得なくなり、自然とそのスタイルになったのです。

しかし結果として、権利委譲によって社員が著しく成長し一人ひとりが会社を支える存在になったこと、そして私自身経営に注力できるようになったことは大きな収穫でした。

この話をすると、経営者の方からは「どうしても現場から離れられないんですよ」「社員に任せられないんですが、どうしたら良いでしょう」といった声をよくいただきます。

そのようなことになってしまうのはおそらく、現場の社員に対する要求値が高すぎるのだと私は思います。

最高責任者として、責任を一身に背負い事業を進行させている経営者は、ご自身が思う以上に優秀な方々です。しかし、それと同じものを社員に求めるのは違っています。社員は経営者の経験やスキルはありません。

それを理解せず「社員は自分と同じくらいの能力がある」と誤解したままだと、仕事を任せることはできないでしょう。

「社員は経営者が思うことの6割できたら合格」これは私が参加する勉強会で教えていただいた言葉ですが、私はさらに「社員は自分の6割できれば合格、8割できる社員がいたらそれは宝くじに当たったようなもの」だと考えています。それは社員の能力を低く見積もっているのではありません。「社員に期待をかけすぎない」ということです。

いくら優秀な経営者でも、一人きりで頑張るのには限界があります。夢を叶えるには社員の力が必須であり、その力をどれだけ太く厚くしていけるかは、経営者がいかに社員を頼れるかにかかっています。

本書を読んでくださっている皆さん、可能な限り自分の仕事を社員に任せてみてください。責任ある仕事を任されることで社員が成長を遂げて、8割できる優秀な社員が生まれていきます。ぜひ実行してください。

会社と社員の「共存共栄」が当たり前の時代に

「会社はまず社員の幸せを考えよう」という夢育マネジメントを本書でくわしく述べてきましたが、そもそも「社員を幸せにする」価値観が定まったのは、7年ほど前に行った海外への視察ツアーでのことでした。

ツアーで訪れた現地企業の広報担当者が自社をプレゼンする機会があり、私も参加したのですがその際「私の会社はこんなに素晴らしい」と本気で自信を持って話すのを見て、驚きと感激を覚えたのです。

と同時に「自分の会社はどうだろう、自社をこれほど素晴らしくプレゼンできる社員が何人いるだろう」と不安になりました。

そして、「社員が自社に対して明確な自信を持っていなければ、お客さまに自社の良さをお伝えすることなんて到底できるはずはないのだ」ということに気づいたとき、はっきりと夢育マネジメントの骨格が決まったのです。

社員には、

「くまのみ整骨院で働くことを誇りに思ってもらいたい。

くまのみ整骨院を好きになってもらいたい。

そのためには、まず弊社で働く社員に幸せになってもらう」

という考え方に辿りついたのです。

それからは、その考え方に基づいた仕組みづくりに着手しました。

時短勤務や新卒の教育、勉強報告、定期テスト、評価制度などを、「社員の幸せ」を軸にした仕組みにつくり上げていったのです。

とはいえ、まだまだ改善の余地はあると感じています。

たとえば、将来的に見直そうと今まさに動いているのが社内の役職に関する仕組みです。

現在、弊社には「院長」「店長」「マネージャー」しか役職がありません。しかしこのままでは、将来のキャリアに不安を持つ社員がいるかもしれません。

そこで今後は「執行役員」「取締役」「代表取締役」といった役職も増やしていこうと考えており、それを社員にも公言しています。

それだけではありません。「年商が○億円なら、執行役員は1000万円以上、取締役は1500万円以上、代表取締役は2000万円以上の報酬を出します」と明確な報酬額まで社員に伝えています。

一般的なサラリーマンで年収1000万円というと、名のある大学を出て就職したような、いわゆる〝エリートコース〟の人たちだけが行けるステージの印象があります。

しかし弊社は、どちらかといえば学校の勉強が不得手で、大学進学を選ばなかった社員も少なくありません。

それでも、この会社で頑張って、手に職をつけ、お客様に信頼され、その力が認められれば年収1000万円、もしくはそれ以上を目指せるかもしれないと未来に希望を持ってハッピーに働いてほしいのです。

もちろん、誰かに自社を紹介するときに、「ずっと働きたいと思える、大好きな会社です」と胸を張って言ってもらえたらこんなに幸せなことはないでしょう。

今はまだ「会社の夢」の段階ですが、これからの頑張り次第で確実に手が届く夢だと思っています。

それほど遠くない昔、社員はストライキという権利を持って、会社とはあたかも敵対関係のような時代がありました。

しかし現在、そうした流れは一変しています。

いろいろな企業を見ていても、「会社の繁栄のために社員も協力したい」「社員が幸せなら、会社も繁栄する」といった考え方が急速に浸透していると感じるのです。

社員が成長すれば会社も成長する。社員がハッピーなら会社もハッピー。

よく考えてみれば、こうした「共存共栄」は当たり前のことではないでしょうか。アンハッピーな社員ばかりの会社が、ハッピーになれるわけがないからです。

さて……

御社の社員は今、果たして幸せでしょうか?

社員に末長く在籍してもらうために、将来に向けた幸せの種を蒔けていますか?

社員を大切にする企業は、必ず社員から愛されます。こうした新しい時代のスタンダードにいち早く順応した企業から、夢への扉はどんどん開いていきます。ぜひ、社員の「幸せ」に立脚した経営を進めていただければ幸いです。

ウェルビーイング時代の到来。御社は何をしますか?

身体的、精神的、社会的に満たされた状態、それがウェルビーイング（well-being）です。幸福感を言い換えたようなこの言葉は、欧米において20世紀半ばから使われ始め、研究も進んでいます。

国連が採択したSDGs（持続可能な開発目標）の影響もあって、近年は日本でもさまざまなシーンで使われることが多くなり、「ウェルビーイング」という言葉を聞く機会も多くなりました。

このウェルビーイングを高めるには、ポジティブ思考、愛着や思い入れ、良好な人間関係、意味のある人生、達成感といったものが必要だと言われています。

ワークライフバランスの項でも触れたように、ビジネスパーソンは1週間の半分以上の時間を会社で過ごすわけです。だとすると、会社はこれらの要素すべてに関わる必要がある、ということになります。

では会社は、社員のウェルビーイングに対して何ができるのでしょうか。

ここまで本書を読んでくださった皆さんなら、その答え、もしくは答えを考える素地ができているのではないかと思っていますが、本項では弊社が実践してきたさまざまなウェルビーイングの具体例を紹介させてください。

まず身体面を満たす取り組みとして、年1回の健康診断に加えて健康食品の割引制度を行っています。

弊社では、施術との相乗効果が期待できるサプリメントなどの健康食品を取り扱っているのですが、社員にはそれらを5割引で買えるようにしました。

その結果、自身や家族のために購入する社員や、「お客様に説明するためにも食べてみよう」と購入してみる社員が増え、制度の利用者は右肩上がりに増えています。元気に働けるのも、幸せに生きられるのも健康な身体あってこそ。これからも続けていきたいですし、他のアプローチ方法も模索していきたいと考えています。

次に精神面に関する取り組みです。

月1回の社内面談やアンケートを必ず実施し、社員のメンタルヘルスを定期的に把握する「ワンミニッツチェック」は前述したとおりですが、他にも取り組みがあります。

それは「新たにオリジナル制服をつくったこと」「全社員のネイルを許可したこと」が挙げられます。

というのも弊社では、ファッションを含む自己表現は、メンタルに影響する大事なポイントだと考えています。

といってもネイルに関しては、施術に影響を及ぼさないよう爪の長さやデコレーションには制約があるのですが、それでも「もう一生ネイルはできないと諦めていたのにうれしいです！」といった声もあり、とても好評です。

「下手に自由化すると、見境なくとんでもないファッションやネイルで出勤してくる社員がいるのではないか」

と心配される方もいるかもしれません。

しかし弊社では、そのような事態は起きていません。これは、ただルールを自由にしているわけではなく、同時進行で会社の在りたい姿、目指したい夢をしっかり共有できているからだと思います。

こうした会社のベースとなるものが社員一人ひとりに根付いているからこそ、自由な中でも、この会社で働く社員として、どのようなファッションがふさわしいのか、もしくはふさわしくないのか、個々がきちんと理解できているのだろうと思っています。

また社会的な面に関する取り組みも進めています。

そのひとつが、社内のコミュニケーションを深める目的で行っている「オンラインランチ会」です。

「別々の店舗で働く社員4人1組で30分間ランチを食べながらおしゃべりをする会」、「〝先輩社員に聞いてみよう〟と題し、ベテラン社員を囲んで質問をする会」など、社員や会社発信でさまざまな企画が行われています。

普段、働く場所が違う社員とは、当然ながら直接会う機会はほとんどありません。

しかしオンラインであれば、顔を合わせて食事をしながら相互に人間関係を築くことができるのです。

そうすることで、他店舗も含めて社内に知り合いがどんどん増えていきます。

「あの店舗には話のおもしろい○○さんがいたな」「この店舗には仕事ができる△△がいる」となると、何だか心強い気持ちになるものです。気の合う仲間との出会いもまた、幸福感につながっていくことでしょう。

いろいろお伝えしてきましたが、もちろん失敗した施策もたくさんあります。いえ、むしろ失敗したことの方が多いくらいです。

例えば、ハロウィンの仮装企画。ちょうどハロウィン直前の開催となった社員総会を「仮装可」

としたのですが、想定したほどの人数は仮装してくれませんでした。

よく考えてみれば人によっては「楽しみたい」よりも「恥ずかしい」という気持ちが先立ってしまいそうですね。

就活イベントを船上パーティ形式でやってみたこともありました。しかし、これもあまり人が集まらず失敗と言わざるを得ない結果でした。

「非日常」を感じてほしいと、経費もそれなりに使ってセッティングしたのですが、今の就活生にはそういったニーズがなかったようです。

他にもいろいろあるのですが、私はこれらを失敗とはとらえていません。そもそも何がウェルビーイングかは人によってそれぞれ違います。

また、他の企業でどんなに良い効果があった施策でも、自社の社員に響くとは限りません。だからこそ「やってみよう」と思ったことはまずやってみる。やってみて反応が薄かったら他の施策、また他の施策……と試せばいいだけです。

最初から100点を取ろうとせず、「うまくいけばラッキー」と肩の力を抜いて臨むくらいがちょうどいいのではないでしょうか。

ぜひ失敗を恐れず、いろいろチャレンジしてみてください。そうやって進んだ先に「御社だけのウェルビーイング」が確立されるはずですから。

自分だけ幸せになるほど、つまらないことはない

本書には「幸せ」というキーワードがたびたび登場してきました。

では、質問です。

あなたが思う幸せとは一体どんなことでしょうか？

宝くじに当たることですか？

ブランドのバッグや時計をいくつも持つことですか？

世界一周旅行することですか？

リバーサイドのタワーマンション最上階に住むことでしょうか、はたまた海外へ移住することでしょうか。

いくつになっても夢を見るのは楽しいですよね。

叶ったときの世界を想像しているときのワクワク感、そして実際にそれが叶ったときの達成感、幸福感は言葉にできないほどでしょう。

ですが、その先を考えてみてください。

自分の夢を叶えて幸せになる。それを実現できた後もなお、ずっと幸せでい続けられるでしょ

うか？

悲しいですが、おそらく答えはＮＯでしょう。人間はどんなに貴重で素晴らしい出来事も時間が経つにつれて慣れてしまうもの。

いくら長年の夢でも、実現してその状況に慣れてしまった瞬間から、幸福感は薄れていくからです。さらに高い夢を描いて目指すにしても、結局、達成したときの幸福感はそこまで持続しません。

ではなぜそうなってしまうのでしょうか。答えは明確です。

それは、描いている幸せの対象が「自分だけ」だから。つまり自分が幸せになれば、そこで幸せは終わってしまいます。「自分だけの幸せ」は、実に儚いものなのです。

私は、そのことから「利他精神が大切なんだ」ということに気づくことができました。そして

「自分の幸せだけではなく、他者の幸せも考える」

「他者を幸せにすることによって、自分も幸せになる」

ことに意識を変えて行動するようにしたのです。そうやって相手の幸せを考えて叶えていった結果、幸せは持続することがわかりました。他者を幸せにし、他者の幸せを喜べるようになると、毎日のように幸せを感じ続けることができるからです。

こうした「幸せの連鎖」を強く感じるのが毎年4月、新入社員がたくさん入ってきてくれるタ

イミングです。

数多ある企業の中から弊社に希望を感じ選んでいただけたこと、選んでもらえるような会社に成長できていること、それらがこれまで社員みんなでつくり上げてきたことなんだ、と改めて実感し「新入社員とともに会社を盛り上げていくんだ」という思いと共に新たな1年間のスタートを切るのです。なんて幸せ者なのでしょう！

そうしたテンションで仕事をすることが結果的に社員の皆さんにもいい影響を与えていると感じています。

利他精神によって「もっとこうしてあげよう」「このような取り組みが社員にとって必要なのでは」と相手目線で物事を考えられるからです。

経営者とて、いえ、経営者こそ幸せを感じながら仕事をしてください。必ずそれは周りにも波及していき、会社全体を幸せにし、それがまた経営者や幹部層の一段階上がった幸せへとつながっていきます。

そうした幸福感の連鎖はまるで、シャンパンタワーのようだと思いませんか？

ぜひ御社のシャンパンタワーもたくさんの幸せで満たしてください。そうすることできっと、自分の幸せ度もアップしていることに気づくはずです。

「社員、お客様、会社」三方良しの未来を目指して！

「くまのみ整骨院に来ると元気が出るんです！」「エステに通って、お肌の調子が変わってきた！」ありがたいことに、お客様方からたびたびこのような言葉をいただきます。「整骨院やエステサロンで施術を受ければ、元気になるのは当たり前では……？」そう思われる方もいらっしゃるかもしれません。

もちろん常に質の高い施術をお届けできるよう、社員一同、高い意識を持ち、知識や技術を磨き続けるのは当然のこと。

ですが、お客様がかけてくださるこのような言葉は、施術に対してだけではないのです。

「仕事で嫌なことがあっても、担当の人が話をよく聞いてくれるから前向きになれるの」

「いつもポジティブな言葉を返してくれるから、とても気持ちが良くなります」

こうしたお客様の声は、身体だけでなく心も元気になり、幸せな気持ちになっていただけている何よりの証拠だと感じています。と同時に、日々接客を担当している社員の細やかな心遣いや努力の結果であると思っています。

このような声をいただくとき、私はいつも胸がじーんと熱くなり、つい涙腺がゆるんでしまいます。社員を大変誇らしく思うとともに、彼らに感謝の気持ちが込み上げてくるからです。こんな素晴らしい社員に囲まれて、自分はつくづく幸せだと感じます。

お越しくださるすべてのお客様に、幸せな気持ちになってお帰りいただきたい。そのためにはまず「社員が幸せであること」。

それを体現すべく今年度から、熟考を重ねた末、社員の給与を平均2~3万円ベースアップしました。

今の日本の経済環境においては、中小企業が大手のような賃上げをするのは難しい状況だと思います。「くまのみ整骨院はそんなに儲かっているのか」と言われるかもしれませんが、実はこれは先行投資なのです。

社員には少しでも豊かさを感じてもらい、そこから生まれた気持ちの余裕を、お客様への丁寧な接客に反映させていってもらいたい、その思いの先にあるのは、お客様に幸せになっていただくことです。

弊社への愛情ももらえると期待してますが、新たなお客様がさらに増え、みんなが幸せでいっぱいになるだろうとまず考え、ベアに踏み切ったということです。年間で約6000万円の人件費増加が見込まれます。しかし「社員を幸せにして、お客様も幸せにする」ためには必要だと、信じています。

そうした大胆な取り組みをしたからといって、すぐに望む状態にはならないこともわかっています。社員からお客様へ幸せの連鎖が広がっていくにはある程度のタイムラグがあるからです。

しかし、実行したことはより大きな収穫となって必ず返ってくると信じています。それまで会社を健全な状態に保ちながら存続させていくのは、苦しいかもしれませんが、これは「産みの苦しみ」。本当の幸せは、それを乗り越えた先にあるのですから。

私は今後も、社員も、お客様も、会社も、三方すべてが「Ｗｉｎ─Ｗｉｎ─Ｗｉｎ」であり続ける「三方良し」の将来を夢見て、今日も社員とともに、足を止めることなく歩み続けていきます。

ぜひ、皆様も「夢育マネジメント」の本質を見誤ることなく「社員の幸せ」の実現に注力してみていただければと思います。

そうすれば、必ずや弊社と同じ状態が再現できるはず。本書を参考にしながら、御社の夢、社員の夢を全力で追いかけてみてください。あなたの奮闘を心から応援しています。

おわりに

本書は、弊社が行ってきた「夢育マネジメント」を中心に、社員に夢や目標を持ってもらうにはどうすればいいか、また経営者やトップ層がどんなスタンスで社員と向き合えばいいか、あますことなくお伝えしてきたつもりです。

とはいえ、夢育マネジメントを取り入れようと最初の一歩を踏み出したにも関わらず、はじめからうまくいかない場合も多くあります。

とある企業様での話です。

夢育マネジメントの概要をご説明し、そのときは代表も「これはいいものだからぜひやりたい」と前向きだったのに、いざ具体的な行動が必要になってくると徐々に後ろ向きになってしまう……。実は変革にしり込みしてしまう企業は、意外と多いもの。この大きな理由は、いわゆる〝総論賛成各論反対〟の思考が出てしまうためです。「理念には同意できるが、具体的に進めるのはちょっと……」と理屈をつけて結局なにも実行しない。いわば「守り」を固めてしまうのです。

気持ちはとてもよくわかります。これまでの制度や仕組みを見直すことは、たしかに時間がかかりますし、場合によっては人的リソースの確保などが必要になることもあるでしょう。

さらに、本気で会社を変える必要があるなら、今まで社内で通用していた常識、みんなが慣れ親しんだルールなどを180度変えなければいけない場合も出てきます。

実は本気度が高くなればなるほど、「会社の変革」はなかなかできないもの。優秀な経営者であればこそ、先を見越してしまい、「変革は今の状態では難しい」と判断してしまうのでしょう。

とはいえ、「だから会社を変えられないのは仕方ない」とあきらめてしまっては、いつまでたっても会社を良くすることはできません。

そこで私から、会社を変えるために「すぐできる」2つの方法をお伝えしたいと思います。

ひとつは、社内に新しく制度や仕組みを導入する。例えば、「イベントコミュニティを発足させる」とか「休みを取りやすくする制度をつくる」といったものです。

実は「新しい制度をつくる」のは「既存の制度を変える」よりもハードルが低くすぐに達成できることが多いのです。スタッフたちから要望されていて、妥当性がある制度、仕組みはありませんか？　まずそこから着手いただけたらと思います。

そしてもうひとつは、物事を興そうとするとき、「やる気のある人たちだけ」を集めるということです。イベントや勉強会など、なんでもそうですが「やる気のある人」だけに集まってもらう、つまり「任意参加にする」ということです。

同じ会社の中に勤務しているとはいえ、当然ながらやる気のあるなしは個人差があるもの。その個人差をこちらでコントロールすることはできません。そのため、何か物事を始めるときは必ず「やる気のある人を中心にする」。時間はかかるかもしれませんが、だんだんと取り組みの輪が広がることで、「やる気のない」人が興味を持ち、そこから「やる気がある」人に変わっていきます。実際、弊社でもそんな風に考えが変化したスタッフを何人も見てきました。こちらもぜひ徹底していただければと思います。

おかげさまで、私自身、夢育マネジメントを軸にした社内変革で多くの気づきと学びを得て、会社もですが私自身成長できたと感じています。


成長を感じることといえば、毎年、弊社では新入社員と桜の木の下で記念撮影をするのですが、新入社員が入ってくることで会社が拡大傾向にあることを感じます。

また、新入社員の少し緊張しつつもキラキラと期待に満ちた表情を見ていると、自分も若返ったような新鮮な気持ちと「この子たちと一緒に、また新たな夢を描いていこう」という2つの気持ちが生まれます。

そして「絶対にこの子たちを幸せにしなくてはならない」という責任感もまた感じます。しかしそれが私自身の幸せなのです。この幸せを守っていくためにも、ますます私は「夢育マネジメント」によって多くの社員、また関係企業の力になりたいと考えています。

さて、本書執筆にあたっては、多くの関係者の方々からご尽力を得ました。本当に感謝しております。周囲あっての私だとあらためて感じることができました。

また本書を最後まで読んでくださった皆さまにも感謝を伝えて、私の最後の言葉としたいと思います。

池田秀一（いけだ・しゅういち）

くまのみ整骨院・整体院グループ代表。

1973年、東京都巣鴨生まれ。専門学校卒業後、「東京ガス」の代理店、ドラッグストアで店長として勤務。

「手に職をつけたい」「自分自身の事業を立ち上げたい」といった思いから健康保険を活用したビジネスであることに魅力を感じ「整骨院」の開業に興味をもつ。33歳から39歳までは「整骨院開業」の夢実現に向けて、昼間働きながら、夜間の専門学校に通う。

2011年、在学中に「くまのみ整骨院（天沼院店）」を開業。柔道整復師、鍼灸師の資格を取得する。開業2年目で2店舗目をオープンし、その後も順調に店舗数を増やしていく。現在は「100店舗達成」に向けて、「人財採用・人財教育」に力を注いでいる。

■会社ホームページ
https://kumanomi-seikotu.com/

■講演などのご相談はこちら
kumanomi19731029@yahoo.co.jp

社員《しゃいん》の働《はたら》きがいをつくるエンゲージメント～夢《ゆめ》が叶《かな》う30の仕掛《しか》け～

2024年6月20日　初版発行

著　者　池　田　秀　一
発行者　和　田　智　明
発行所　株式会社　ぱる出版

〒160-0011　東京都新宿区若葉1-9-16
03(3353)2835－代表
03(3353)2826－FAX
印刷・製本　中央精版印刷(株)
本書籍に関するお問い合わせ、ご連絡は下記にて承ります。
https://www.pal-pub.jp/contact

ISBN978-4-8272-1416-1　C0034